JN268776

愛の原点

優しさの美学とは何か

大川隆法
Ryuho Okawa

まえがき

この『愛の原点』という書物は、『幸福の原点』（幸福の科学出版刊）同様、幸福の科学の基礎《きそ》理論をより多くの方々に知っていただくために編《あ》まれたものです。

「愛」というテーマは、私の唱《とな》えている、現代の四正道《よんしょうどう》ともいうべき「幸福の原理」の第一原理です。愛の本質ともいうべき「優《やさ》しさの美学」が本書の文章のはしばしに表れていることに気づかれることでしょう。

なお、本書の構成は、第1章が、幸福の科学会員用に書き下ろされた同名の小《しょう》冊子《さっし》の本文、第2章がそれをテキストとしての研修会での講義、第3章から第8章は、月刊「幸福の科学」に掲載《けいさい》された私の文章で成り立っています。当会への入会を希望される方々のために、あえて幸福の科学会員用の教えを公開する次第《しだい》です。

二〇〇一年　八月

幸福《こうふく》の科学《かがく》グループ創始者兼総裁《そうししゃけんそうさい》　大川隆法《おおかわりゅうほう》

愛の原点　目次

まえがき　1

第1章　愛の原点

1　愛の意味　13
2　愛の起源　16
3　愛を妨《さまた》げるもの　22
4　善悪の超克《ちょうこく》　28
5　愛の原点　32

第2章　魂《たましい》の美しい輝《かがや》きのために

――「愛の原点」講義

1　愛の定義　39
2　他者の存在　45
3　愛、根源の力　48
4　愛を妨げるものとは何か　58
5　善悪二元論　63
6　魂の輝き　70

第3章　祈《いの》りの本質

1　祈りとは何か　79
2　仏神《ぶっしん》と人間　82
3　高級霊《こうきゅうれい》の存在　85
4　大宇宙に遍満《へんまん》するエネルギー　89
5　祈りの方法　94

第4章　人生の煌《きら》めきとは何か

1　大自然に見る繁栄《はんえい》　101

2　旺盛《おうせい》なる生命力　108
3　循環《じゅんかん》の法　114
4　美しき人生　118
5　人生の煌めきとは何か　122

第5章　一日一生

1　初秋に思う　127
2　収穫《しゅうかく》のとき　129
3　一日一生　137
4　悩《なや》みの分断　141
5　新しき生活　146

第6章　仏我一如《ぶつがいちにょ》

1　仏を感じるとき　153
2　反省の基本　157
3　想念帯《そうねんたい》とは何か　162
4　魂の歴史　167
5　仏我一如　171

第7章　新時代への序曲《じょきょく》

1　新時代の予感　177

2 時代の転換点《てんかんてん》 181
3 新しき悟《さと》り 185
4 希望の鐘《かね》は鳴る 190
5 未来はるかなり 194

第8章 愛と光と優《やさ》しさと

1 夢《ゆめ》を語る 199
2 愛は風の如《ごと》く 202
3 光の乱舞《らんぶ》 206
4 常《つね》に優しき人となれ 209
5 人間の幸福とは 214

あとがき 220

第1章

愛の原点

1　愛の意味

愛について語ってみたいと思います。

愛については、もちろん、さまざまなかたちで、いろいろなものに書かれていますし、みなさんの多くも、愛とは何かということを考えているでしょう。みなさんのなかには、現に愛で悩《なや》んでいる人や愛のなかに生きている人など、いろいろな人がいるのではないかと思います。

私もまた、多くの時間、愛について考えてきました。そこで、愛について、中間報告というか、現在の私自身の考えが奈辺《なへん》にあるかということを含《ふく》めて、話をしてみたいと思います。

まず、私は次のように愛を定義したいと思うのです。

それは、本来、根本仏《こんぽんぶつ》から分かれてきた魂《たましい》たちが、さまざまな個性あるものとして生きていく途中《とちゅう》で、元《もと》なる、親なる母の思い出、これを思い出して、「一つに戻《もど》りたい。同じ母の胸《むね》に戻りたい」という気持ちになる、これが、結局のところ、愛の愛たるゆえんではないのかということです。

すなわち、もともと「一《いっ》なるもの」から分かれてきたと考えるか考えないか、これが根本《こんぽん》であろうと思うのです。すべての人間は、あるいは動物や植物たちも、「一なるもの」から分かれてきたのです。

この意味において、愛とは何かというと、自他一体の考えであり、「自分と他人は別個《べっこ》のものではなくて、本来一つのものである。他人を愛しているのではなくて、自分自身を愛しているのだ。他人を愛しているのではなくて、仏そのものを愛しているのだ」、こうした考えが愛の根底にはあるのではないでしょうか。

愛の意味とは、結局のところ、本来、一つであったものが、お互《たが》いを呼《よ》び合い、結びつけ合い、さらに大きな幸福を生み出そうとしていくところにあるのではないかと思います。

これは単に抽象《ちゅうしょう》的な話としてあるのではありません。世の男女たちは、なぜお互いを結びつけ合おうとするのでしょうか。それは、そこに、「お互いを高め合いたい」という気持ちがあるからではないでしょうか。人間は決して自分一人だけで自分を高めることはできないのです。

例えば、ロビンソン・クルーソーのように、孤島《ことう》に流れ着き、そのなかで何とか生きていくことができたとしても、それでもって、自分を高める、自分を向上させるという感情が、いったいどこから湧《わ》いてくるでしょうか。自分が高まっている、自分が向上しているという感情は、やはり、他人があって初めて確認《かくにん》することができるのです。

人間は、自分一人では自分に対する評価を下《くだ》すことはできないのです。自分に対する評価を下しているその根拠《こんきょ》は、他人の存在にあるのです。他の人々の言葉、他の人々の視線、他の人々の態度《たいど》、そうしたものを感じ取って、人間はみずからの魂を磨《みが》いていくのではないでしょうか。

みなさんは、「他者の存在自体がすでに愛でもある」ということを知らねばなりません。「他者の存在を抜《ぬ》きにして、自分の進歩も向上も幸福もない」ということを知らねばならないのです。

しかるに、他者があるということで、ともすれば苦しみをつくっていくのが、人間の煩悩《ぼんのう》の姿《すがた》ではないか、迷《まよ》える人間の姿ではないかと思えるのです。

2 愛の起源

では、愛の起源はいったいどこにあるのでしょうか。

なぜ、人間には、他の者を愛したいという気持ちが湧《わ》いてくるのでしょうか。なぜ、男と女には、お互いに結びつき合おうという気持ちが起きてくるのでしょうか。なぜ、夫婦は「一生涯《いっしょうがい》、別れずに一緒《いっしょ》に住もう」と思うのでしょうか。なぜ、親子という関係があって、その関係を何十年も続けていくことができるのでしょうか。

親子の感情一つを取ってみても、単に「自分が生んだ子だから、自分の子だから、かわいい」ということだけで説明がつくでしょうか。自分が生んだということを忘《わす》れてしまうような親であってもよいはずです。動物のなかには、そういう親もいます。しかし、人間は、自分が生んだ子であるということを、喜びを持って迎《むか》え、親は親として、子は子として、共に成長し、いろいろな経験を共有することを、喜びとしているではありませんか。

それはなぜでしょうか。教えられて、そうなったのでしょうか。「親は子を愛することが素晴《すば》らしい」と教えられて、そうなるのでしょうか。「子は親を愛することが素晴らしい」と教えられて、そうなるのでしょうか。

あるいは、「夫が妻を愛することは素晴らしい」と教えられて、そうなるのでしょうか。「妻が夫を愛することは当然だ」と教えられて、そうなるのでしょうか。なぜ、思春期になると男女は愛し合うのでしょうか。

そうしたことを考えていくときに、私は、「愛には、やはり一つの起源がある」と思うのです。この愛の起源とは何かというと、結局のところ、人間の生きていくエネルギーのなかにある、根源的なる力そのものではないでしょうか。根源的なる力そのもの、これが愛ではないでしょうか。愛とは、やはり、お互いを高め合い、はぐくんでいく力なのです。

生きている人間が肉体を養《やしな》っていくために得ている穀物《こくもつ》や野菜類、肉類、魚類、こうしたもののエネルギーもまた、愛のエネルギーではないでしょうか。この世にも、あの世にも、愛のエネルギーが満ち満ちているのではないでしょうか。

魚たちは、なぜ人間の血や肉となるのでしょうか。動物たちは、なぜ人間の血や肉となるのでしょうか。野菜たちは、なぜでしょうか。彼らもまた愛のエネルギーそのものではないのでしょうか。

なぜりんごはおいしいのですか。なぜトマトはおいしいのですか。なぜキャベツはあのようにおいしいのでしょうか。なぜ魚の身がおいしいのでしょうか。なぜ牛や豚《ぶた》が食用に適しているのでしょうか。

彼らは、人間に食べられることを決して喜んではいないかもしれません。しかし、彼らの肉のあり方、あるいは果物《くだもの》や野菜のあり方を見ると、やはり、誰《だれ》かの食用に供《きょう》されることが予定されているように思えます。

こうしてみると、人間が生きていく途中で得る、この世的なるエネルギーも、やはり他のものの愛のエネルギーそのものではないでしょうか。

愛とは、自分のためではなく、他のものに尽《つ》くしたいという思いです。植物や動物も、結局はそうした思いを持っているのではないでしょうか。彼らもまた愛のエネルギーなのです。

そして、そうした地上的なものたちだけでなく、霊的世界を貫《つらぬ》いているエネルギーもまた、まったく同じエネルギーです。それは、果てしない彼方《かなた》から、宇宙の彼方から降《ふ》り注《そそ》いで、人間に永遠の命を与《あた》えている力です。

みなさんは仏法真理《ぶっぽうしんり》の書物を読んで、「人間は永遠の生命を生きている」ということを知っているであろうと思います。その永遠の生命とはいったい何でしょうか。なぜ生命が永遠なのでしょうか。

この世で、永久機関という、永遠に止まらない機械を発明しようとすると、それは理屈《りくつ》ではありえても、実際にはできません。ところが、なぜ人間の生命は永遠なのでしょうか。なぜそれがすり減らないのでしょうか。なぜそれは摩耗《まもう》してしまわないのでしょうか。なぜ朽《く》ち果ててしまわないのでしょうか。なぜ永遠なのでしょうか。

この永遠なる生命をはぐくんでいる力こそ、仏の愛の力ではないのでしょうか。そのエネルギー体が永遠に生き続けているということ自体が、愛のエネルギーが燦々《さんさん》と降り注いでいるということを証明しているのではないでしょうか。

愛の起源は、人間および他の生物たちが永遠の生命体を持っているというところにあると私は思います。永遠の生命が永遠の生命としてあるためには、それだけ、永遠のエネルギーの供給が必要なのです。永遠の仏の生かしめる力が働くことが必要なのです。これが愛の起源であろうと思います。

3　愛を妨《さまた》げるもの

では、愛を妨《さまた》げるものとはいったい何でしょうか。何がいったい愛を妨げているのでしょうか。この問いに対して答えてみたいと思います。

「愛の起源は、永遠の生命があるという事実そのものに起因《きいん》する」という話をしました。そして、「愛とは、自と他を隔《へだ》てることなく、共にはぐくんでいく力である」ということも述べました。

こうしてみると、愛を妨げるものとは、この両方の思想に相反《あいはん》するものであろうと思うのです。

では、この両方の思想に相反する考えとはいったい何でしょうか。それは、まず、「人間は永遠の生命である」ということを否定《ひてい》する考えであろうと思います。

「人間は永遠の生命を生きている」ということを否定する考えが愛を妨げていると私は思います。

「人間は一回限りの生を生きている」と思うからこそ、そこにエゴイズムが生まれてくるのです。「一回限りの生命、わずか数十年の地上生命でもって、塵《ちり》や灰《はい》となってしまう」と思うからこそ、「われが、われが」「私が、私が」という気持ちが出てくるのではないでしょうか。

その気持ちが自と他を分けてしまうのではないでしょうか。そして、お互いに苦しめ合ったり、悲しませ合ったりするのではないでしょうか。

自分の欲望のために、他人を自由にしようとするのではないでしょうか。他人を奴隷《どれい》にしようとするのではないでしょうか。他人を支配しようとするのではないでしょうか。

なぜ他人の悪口を言うのでしょうか。それは、結局、他人が自分の言うことをきかないからではないでしょうか。他人が自分の思うままにならないからではないでしょうか。他人の気持ちが自分の思うがままにならないから、愚痴《ぐち》を言うのではないでしょうか。

この世的な愚痴や心配性《しんぱいしょう》、怒《いか》り、妬《ねた》み、こうした、不道徳といわれているような感情は、根源において、有限の生命という考え方から発しているものだと言うことができると思います。

したがって、愛に目覚めるためには、あるいは、愛を妨げるものから自由になるためには、まず、永遠の生命ということを知る必要があるのではないでしょうか。

もう一つ知らねばならないことは、「愛はお互いを高め合う力である」という考えです。お互いを高め合う力とはいったい何でしょうか。何がお互いを高め合うのでしょうか。お互いを高め合う力、それは結局のところ、与え合う心ではないでしょうか。他を利しようとする心ではないでしょうか。他の者の足を引っ張《ぱ》って、みずからのみよくなろうとする心の反対ではないでしょうか。お互いに愛を投げ与えてこそ、素晴らしい世界が展開するのです。

例えば、ＡとＢという二人の女性がいるとします。Ａという人は、「自分のドレスは美しい」と自慢《じまん》します。Ｂという人は、「自分のドレスこそ美しい」と主張します。事実、その二人のドレスは美しいとしましょう。

しかし、二人が別々に自分のドレスをほめているだけである場合と、Ａという人がＢという人のドレスをほめ、Ｂという人がＡという人のドレスをほめる場合とでは、世界はまったく変わってきます。なぜなら、自分で自分のドレスをほめたところで、宝石の輝《かがや》きにも似《に》た喜びは生まれてこないからです。自分で自分の服をほめたとて、それほどうれしいものではありませんし、その喜びは長く続くものではありません。

他の人のドレスを、真心《まごころ》から、心底《しんそこ》からほめるからこそ、そのほめる顔に笑《え》みが宿り、ほめられた人の顔にも笑みが宿ります。一方、ほめられた人も相手をほめると、それによって、自分の顔に笑みが浮《う》かびます。そして、相手もまたうれしいのです。

こうした愛の技法、幸福への技法がある以上、これをうまく使っていくことが大事ではないでしょうか。

このように、愛を妨げるものとして、「自分と他人を隔て、自分一人の渦《うず》のなかに入ってしまう」という考え方があります。これに対しては、「常《つね》に他の人々を喜ばせよう」という気持ちが大事です。そうした気持ちを持っていればこそ、自分もまた多くの人たちから喜びを受けるのです。幸福を受けるようになってくるのです。こうした考え方を大事にしていただきたいと思います。

結局のところ、嫉妬《しっと》、恐怖心《きょうふしん》、猜疑心《さいぎしん》、悪口、愚痴、悲しみ、苦しみ、これらはすべて、自分一人を悲しみの檻《おり》のなかに閉《と》じ込《こ》めることに起因しているのではないでしょうか。それは、お互いに与え合うことがない人たちの孤独《こどく》な世界なのではないでしょうか。

人々よ、毎日毎日、心に問いなさい。「今日は人にいったい何を与えようか。どんな言葉を与えようか。どんな笑顔《えがお》を与えようか。どんな優《やさ》しい心でもって接《せっ》しようか」ということを――。

毎日、このような人たちで世の中が満ち満ちていたら、世界はそれだけでユートピアになります。

ユートピアをつくるのは、それほど難《むずか》しいことではありません。お互いが、毎日、「他の人々を喜ばせよう。幸せにしよう」という気持ちを持つことです。ここにユートピアが始まっていくのです。この観点を決して忘れてはなりません。

4 善悪の超克《ちょうこく》

愛に関連して、善と悪の問題を語ってみたいと思います。

キリスト教においても、昔《むかし》から、善と悪の二元対立という話がなされてきました。「神が善であり、唯一《ゆいいつ》の力であり、唯一の存在であるのならば、なぜ、この世に悪があるのか」という問題や、「なぜ天使が地獄《じごく》に堕《お》ちるのか。なぜ堕天使《だてんし》という問題があるのか。これは神のご計画なのだろうか。それとも、偶然《ぐうぜん》の産物なのだろうか」ということが、長らく話し合われてきました。

人間には、本当のことはなかなか分かりません。ただ、結局のところ、「本当は、天国と地獄という二分された世界があるのではない」ということだけは言えるのです。

みなさんが地上で共同生活をしていても、お互いの意見がずいぶん食い違《ちが》うのではないでしょうか。そこに十人の人がいて、そのうちの一人は残りの九人と意見が合わなかったら、その人だけ孤立《こりつ》するのではないでしょうか。そして、これが悪の発生原因と言えるのではないでしょうか。

その人の考えそのものが間違《まちが》っているかどうかは、保証の限りではありません。ただ、「その人の考えを他の人たちは理解できない。また、その人は、自分の考えを他の人に信じさせることができないでいる。他の人を説得することができないでいる」ということが言えるのではないかと思います。

こうしてみると、善悪の発生原因は、理解、説得の技術論にあるのかもしれません。

他人がすべて理解できる人であれば、すべての人を許《ゆる》してしまいます。すべてを知ることは、すべてを許すことにつながっていきます。理解できないからこそ、敵《てき》と思えるのです。理解できないからこそ、その人を責《せ》めるようになるのです。

また、不平不満も、結局、理解されないということに起因しています。なぜ理解されないのでしょうか。それは、他人を説得できないということです。

善悪の発生原因は、「お互いの心がガラス張《ば》りではない」ということにあるのかもしれません。なぜガラス張りではないのでしょうか。それは、地上に肉体を持つことによって、お互いの心を読み取ることができなくなったからではないでしょうか。人間が地上に肉体を持つことによって、お互いの心を見ることができなくなった。読み取ることができなくなった。見抜《みぬ》くことができなくなった。これが問題であろうと思います。

お互いの心がガラス張りであれば、善悪は本来、発生しないと思います。お互いの心が分からないために、理解できない、説得できないということが起き、それが善悪の発生原因となっているのだと思います。魂《たましい》の修行《しゅぎょう》のために肉体という衣《ころも》を着ているのですが、それがそうした妨げとなっているのです。

さすれば、どうすればよいのでしょうか。Ａという人とＢという人が、お互いの心が分からないのならば、いったいどうすればよいのでしょうか。

第三者というものに照準《しょうじゅん》を合わせるという方法も一つです。この第三者とは何でしょうか。それは根本仏の心を反映しうる第三者です。その第三者が、根本仏の教えを説《と》き伝える人であるならば、その教えに各人が心を向けていく、自分の波長を合わせていくということです。そうしたことによって、お互いに意思の疎《そ》通《つう》ができるようになります。人生観の共有ができるようになってくるのです。すなわち、仏の心を伝えるという行為《こうい》に共感し合うことが必要なのではないでしょうか。

善悪の超克《ちょうこく》の手段、方法として、仏法真理の獲得《かくとく》ということがあるのです。仏法真理を知ることによって、善悪を超《こ》えることができるのです。それは、お互いの理解を妨げるものを打ち破《やぶ》ってしまうからです。仏法真理を教えるということ、仏法真理を知るということが、自と他を分け隔《へだ》てる壁《かべ》を打ち破ることになります。こうして、善悪が超克されることとなっていくのです。

仏法真理を知るということ、それが力です。善悪を乗り越《こ》えていくための力です。みなさんは、その力の偉大《いだい》性を知らねばなりません。

5　愛の原点

愛について、幾《いく》つかの角度から述《の》べてきましたが、最後に、愛の原点とはいったい何かということを述べておきたいと思います。

愛の原点には非常に謙虚《けんきょ》な心があるということを知らねばなりません。愛のなかに傲慢《ごうまん》さはありません。愛のなかには、「他人にこうしてやるのだ。自分は偉《えら》いから、人を導《みちび》いてやるのだ」というような気持ちは、本当はないのです。

愛のなかには、無私《むし》なる奉仕《ほうし》の気持ちがあります。無償《むしょう》の奉仕の気持ち、「ただ尽くしたい」という気持ちがあるのです。その思いが純粋《じゅんすい》であればあるほど、動機が純粋であればあるほど、愛は美しいものとなっていきます。

結局、愛は、そもそも、美を求めるという過程《かてい》をたどっていくのです。愛とは、どれほど魂《たましい》が美しく輝くかということです。魂の美しい輝きこそ、愛の原点と言えるのです。

そうである以上、みなさんはまず出発点を誤《あやま》ってはいけないのです。「みずからの魂が、どうすればいちばん美しく輝くか」ということを考えねばなりません。

ダイヤモンドが美しく輝くのはなぜでしょうか。あのような素晴らしいカットの仕方をしているからではないでしょうか。ダイヤモンドが美しい光を放《はな》つといっても、ざくろのように割れているダイヤモンドであっては、その光に影《かげ》ができます。本当の美しさとは言えません。均整《きんせい》の取れた面を持っているからこそ、ダイヤモンドは美しいのではないでしょうか。

さすれば、魂が均整の取れた光を放つことが大事です。それは、結局、仏の持っている属性《ぞくせい》のそれぞれを体現するような魂となることです。

仏は、愛であり、知であり、勇気であり、光であり、叡智《えいち》であり、義であり、また、慈悲《じひ》でもあります。仏のそうした多くの側面が、ダイヤモンドのカットの面のように光り輝いているのです。

そうしたすべての面を揃《そろ》えるべく、永久に進化していくこと、永遠に進化していくことが、結局、魂の向上となっていくのです。

したがって、愛の原点は、いかに美しい魂の輝きをつくっていくかということであり、美しい魂の輝きをつくっていくためには、結局、仏の持っている属性を一つでも多く取り入れること、発見すること、磨き出すことが必要ではないでしょうか。そして、それぞれの属性が、調和の取れた美しさ、均衡《きんこう》の取れた美しさ、見事にバランスの取れた美しさであることが大事ではないでしょうか。

ここに人間の目標があります。ここに人生の目標があります。

それは、仏の性質をできるだけ多くみずからの内に引き入れることに努力し、それらの諸要素を、バランスを取りながら見事に輝かせていくということです。

単純な満足をしてはいけません。仏の一面だけを見て満足してはいけません。仏にはさまざまな面があります。そのすべてを学んでいきなさい。すべてを学んでいくなかに、すべての調和を目指していきなさい。

そこに永遠の進化への道がありますし、そこに愛の原点、愛への出発点があります。なぜなら、愛とは、最高に輝くダイヤモンドのような、仏の存在そのものでもあるからです。

第2章

魂《たましい》の美しい輝《かがや》きのために

――「愛の原点」講義

1　愛の定義

愛の問題は、ずいぶん長いあいだ、いろいろと語られ続けてきたわけですが、いまだにその結論が出ていないとも言えましょう。この地上に住む六十億（二〇〇一年時点）の人間のあいだに生起《せいき》する、愛と憎《にく》しみの問題は、どのようなものを仏の心に添《そ》った愛と見るかという解釈《かいしゃく》の観点において、いまだ最終結論は出ていないのです。

そのために、みなさんは、法は法として、教えは教えとして、愛の教えを学んでいるのですが、具体的な人間関係のなかにおいて、それをどのように当てはめるかということは、みなさんにとって永遠の課題でもあるわけです。

まず、愛の意味について語ってみたいと思います。

幸福の科学の教えのなかでも、愛については特段の配慮《はいりょ》がなされています。そして、この愛についての考え方は、実は私にとって最初の関門でもあったのです。私が霊界《れいかい》と同通《どうつう》してまもないころ、私に臨《のぞ》んだ言葉がありました。それは、「人を愛し、人を生かし、人を許《ゆる》せ」という言葉でした。この言葉が私の思想の一つの核《かく》になることが暗示されたのです。

私はその言葉を、常々《つねづね》、心のなかで反芻《はんすう》しながら、それをどのように実践《じっせん》するのか、また、どのように発展させるのかを考えました。

その後、それは、私の思想のなかでは、「愛の発展段階説」として、しだいに成長していきました。「人を愛する」ということ、「人を生かす」ということ、「人を許す」ということの個別の意味を考え、それぞれの関係を考え、その内容に違《ちが》いがあるのではないかと考えたのです。

そして、「許す愛」のもっと奥《おく》にあるものが見えてきたのです。それを私は

「存在の愛」という名で呼《よ》んでみました。どうしても、人間の営為《えいい》を超《こ》えた愛がそこにあるとしか見えない、そうしたあり方があるように思えたからです。

しかし、愛の問題は、本章の冒頭《ぼうとう》で述《の》べたように、非常に多くの応用問題を含《ふく》んでおり、この応用問題のすべてに解答を出していくためには、まだまだ長い年月がかかると思われるのです。それゆえに、私の現在の考え方も、あくまでも中間報告ということになりましょう。

まず、私は次のように愛を定義したいと思うのです。

それは、本来、根本仏《こんぽんぶつ》から分かれてきた魂《たましい》たちが、さまざまな個性あるものとして生きていく途中《とちゅう》で、元《もと》なる、親なる母の思い出、これを思い出して、「一つに戻《もど》りたい。同じ母の胸《むね》に戻りたい」という気持ちになる、これが、結局のところ、愛の愛たるゆえんではないかということなのです。

深く思いを致《いた》せば、こうした起源に関する記憶《きおく》が人間の心のなかには確かにあるのです。

考えてもみてください。生まれ落ちてよりこのかた、何ゆえに、人を愛するという衝動《しょうどう》が生まれてくるのか。また、愛さねばならないということを、何ゆえに、ア・プリオリ（先験的《せんけんてき》）に、よいこととして受け入れられるのか。それをよくよく考えていただきたいのです。

こうしてみると、みずからの胸の奥を眺《なが》めてみるときに、はるかなる昔《むかし》の記憶が、どうしても甦《よみがえ》ってくるのです。愛とは、引きつけ合う力、お互《たが》いを結びつけ合う力です。この力は、はるかなる昔にまで遡《さかのぼ》って、人間に、懐《なつ》かしい思い出を、どうしても想起《そうき》させざるをえないのです。

結局、人間は、教えられただけで、人を愛するということが本当にできるかというと、ただ教えられただけであっては、人を愛し、愛し切ることはできないのです。深く深く共感するものが現に人間の内にあるからこそ、その上に被《かぶ》っているベールを剝《は》いだときに、人を愛することが本当に素晴《すば》らしいことだと実感されるのです。

もし、人間の心が、何十センチ掘《ほ》ろうと、何メートル掘ろうと、石と瓦礫《がれき》しか出てこないような荒《あ》れ地であったならば、いくら種をまいても、その種が実《みの》ることはないのです。しかしながら、愛という教え、この教えの種子をまいたときに、それがすくすくと育ち、実っていくということは、人間の心の土壌《どじょう》は決してそのような荒れ地ではないということです。

人間の心の土壌は、表面には石ころがあるかもしれない。また、草が生《は》えているかもしれない。しかし、これを掘り起こしたとき、その土壌のなかに、愛の種子を受け入れるものが確かにあるのです。それは、まるで待っていたかのように愛の種子を受け入れ、そして、それをはぐくまんとする力が甦ってくるのです。

この「はるかなる昔に、一《いっ》なるものから分かれてきた」ということを、正しいと思うか思わないかを検証《けんしょう》したいならば、みずからの心の内に深く深くうがち入《い》ることです。さすれば、そのときに、みなさんは、「人を愛せ」ということが、単なる押《お》しつけで、他の人から言われて、そう感じているものなのか、それとも、深く深く、奥から共感を感じているものなのかが分かると思うのです。

この意味において、愛とは何かというと、自他一体の考えであり、「自分と他人は別個《べっこ》のものではなくて、本来、一つのものである。他人を愛しているのではなく、自分自身を愛しているのだ。他人を愛しているのではなくて、仏そのものを愛しているのだ」という考えが愛の根底にはあるのです。

この境地において、発展の可能性は無限です。言葉として意味は分かるでしょう。ただ、どこまで分かるかということに無限の余地《よち》があるのです。

しかし、何度か私が説《と》き来《きた》り、説き去ったように、まず、そうした事実があるということを知ることが出発点なのです。

2　他者の存在

　また、世の男女は、なぜお互いを結びつけ合おうとするのでしょうか。それは、そこに、お互いを高め合いたいという気持ちがあるからではないでしょうか。人間は決して自分一人だけで自分を高めることはできないのです。

　第1章で私はロビンソン・クルーソーの例を引いてみましたが、他の人が存在することのありがたさを、みなさんは考えてみたことがあるでしょうか。

　多くの人が存在することによって、みなさんは、あるときには傷《きず》つき、あるときには怒《いか》り、あるときには憤《いきどお》ることもあるでしょう。そうした相対《そうたい》の世界のなかに置かれることに、憤懣《ふんまん》やるかたないこともあるでしょう。「自分は自分として絶対の存在であり、この絶対の存在は、他人との比較《ひかく》によって、何ら意味も価値《かち》も付加されるものではない。付与《ふよ》されるものではない」と思う人もいるでしょう。

しかし、他人の存在は、それ自体が、幸福を生むための一つの源泉《げんせん》となっているのです。人間は、自分一人のみがロビンソン・クルーソーのように生きていたとしても、そこに真《しん》なる幸福を感じ取ることはできないのです。

他の人々の言葉、他の人々の視線、他の人々の態度《たいど》、そうしたものがあるということが、自分の生きがいに、自分の幸福に、どれほど貢献《こうけん》しているか、どれほど影響《えいきょう》を与《あた》えているかということを、みなさんは知らなくてはならないのです。「他者の存在を抜《ぬ》きにして、自分の進歩も向上も幸福もない」ということを知らねばならないのです。

さすれば、他者の存在によって、一時期、みずからが傷つくように見えても、みずからの値打《ねう》ちが損《そこ》なわれるように見えても、それを大きな心で受け止めて、みずからの向上へとつないでいかねばならないのです。こうした態度を取ることができない人は、まだまだ真の悟《さと》りには、ほど遠いということを知らねばなりません。

なぜなら、自分を傷つけたと感じられる他者も、魂《たましい》の奥において、もともと自分と根っこはつながっているからです。本来、それは懐かしい自分自身の姿《すがた》なのです。

「他人の喜びを自分の喜びとする」、それは一つの理想的な姿と言われていますが、本当は、この他人なるものは人間の目の錯覚《さっかく》にしかすぎないのであって、仏の目から見れば、例えば地上に生きている人々は、光の子らが集まっている姿にしか見えないのです。

シャンデリアのように、さまざまな光が煌《きら》めいている。その光は、あるときは強く、あるときは弱く、さまざまな景観《けいかん》を呈《てい》してはいるけれども、仏の目から見れば、すべて光の子なのです。

人間はどうしても、表面的なものの見方にこだわります。髪《かみ》の毛を見、目を見、鼻を見、口を見、手を見、足を見、体を見るときに、自と他は違うものであって、自分の喜びがなければ何の意味もないと考えがちです。

しかしながら、仏の目から見たときに、みなさん一人ひとりは、シャンデリアのごとき、さまざまな光を煌めかせている存在なのです。どの光が燦然《さんぜん》と煌めこうとも、やはり光は光であり、それは喜びの源泉であるということを知らねばならないのです。

3　愛、根源の力

そこで、愛の起源ということを考えてみたいと思います。

男女や親子には、結びつき合いたいという気持ちがあります。動物たちのなかにもまた、自分の子をかわいがる気持ちがあるはずです。
「子は親を愛し、親は子を愛することが素晴らしい」と教えられて、そうなるのでしょうか。「夫が妻を愛することは素晴らしい」「妻が夫を愛することは当然だ」と教えられて、そうなるのでしょうか。なぜ思春期になると男女は愛し合うようになるのでしょうか。

そうしたことを考えていくときに、私は、「愛には、やはり一つの起源がある」と思うのです。この愛の起源とは何かというと、結局のところ、人間の生きていくエネルギーのなかにある、根源的なる力そのものではないかということです。根源的なる力そのものが、愛ではないでしょうか。愛とは、やはり、お互いを高め合い、はぐくんでいく力ではないでしょうか。

みなさんは、人間という存在にのみ目が行き、人間と人間とのあいだにのみ愛があると考えがちです。しかし、周囲を見回してみたときに、人間の生活を支《ささ》えている穀物《こくもつ》や野菜類、肉類、魚類、こうしたものの存在は、いったいどのように理解すればよいのでしょうか。彼らの存在のなかに、みなさんは愛を感じないでしょうか。

愛を感じるとき、それは、そのなかにすでに感謝を内包《ないほう》するものでなければなりません。しかして、みなさんは、みずからの食しているもの、穀物や野菜や肉や魚、こうしたものを食べることができるということに、どれだけの感謝をしたことがあるでしょうか。そういう思いを持ったことが、どれだけあるでしょうか。

みなさんが感じると感じざるとにかかわらず、彼らはただ黙々《もくもく》と、みずからの体を提供し、人間の活動のエネルギーとなり続けているのです。そうした事実を知ったときに、みなさんは「恥《は》ずかしい」という気持ちを禁じえないはずです。彼らは何も求めていません。求めずに与えている姿がそこにあります。

野菜に感謝した人がどれだけいるでしょうか。米や麦に感謝した人がどれだけいるでしょうか。水があるということに、また、動物がおり、魚がおり、鳥がいるということに、人間はどれだけの感謝をしたでしょうか。そして、彼らがそうしたことを人間たちに求めたことが、かつてあったでしょうか。

人間は万物《ばんぶつ》の霊長《れいちょう》として君臨《くんりん》しているかのごとく言われつつ、その生きているさなかにおいて、他人から与えられることには敏感《びんかん》であっても、みずからが他人に与えることに関しては、さほど関心を持たないのが実情ではないでしょうか。こうしたことに、みなさんは深い深い反省の思いを感じざるをえないはずです。また、人間の血や肉となる、こうした食物の事実そのものに着目《ちゃくもく》してみたいと思います。

なぜりんごはおいしいのですか。なぜトマトはおいしいのですか。なぜキャベツはおいしいのでしょうか。なぜ魚の身がおいしいのでしょうか。なぜ牛や豚《ぶた》が食用に適しているのでしょうか。

エネルギーを得るということだけが目的であるならば、彼らは「おいしい」ということを前提としていなくてもよいはずです。活動のエネルギーになるというだけであるならば、そうしたことは、なくともよいはずです。

しかし、人間の食用に供《きょう》される彼らは、「おいしさ」というものをまとって現れてくるのです。ここにもまた、一つの愛があると私は思うのです。

もし、感謝なき人間に食べられることを、トマトが嫌《いや》だと思うならば、彼らは食用に適さないような味を伴《ともな》って出てくることも可能なはずです。もし、牛や豚が、人間の食用に供されることを永遠に拒否《きょひ》し続けるとするならば、彼らの肉そのものが人間の舌《した》に合わないようなものになることは可能なはずです。しかし、事実はそうなっていないのです。

彼らも、生命を断《た》たれるときには、それなりの悲しみはあるでしょう。しかしながら、彼らは、人間の食用に供されるという、その運命を抱《だ》きしめつつ生きているということ、そして、そのなかには、単に運命を抱きしめつつ生きているだけではなく、みずからの身を喜んで差し出しているものもあるということ、こうした事実にみなさんは気がつかなければならないのです。

やはり、愛とは、自分のためではなく、他のものに尽《つ》くしたいという思いなのです。植物や動物にも、そうした思いはあるのです。彼らもまた愛のエネルギーなのです。

このようなことを考えたときに、みなさんは、みずからのあり方というものを反省せざるをえないはずです。振《ふ》り返らざるをえないはずです。

人間を取り巻《ま》く万象万物《ばんしょうばんぶつ》は、人間を生かし、はぐくむために、常《つね》にその場を提供し、常にその生命を提供し、常にそのエネルギーを提供しているのです。

されど、人間はどうでしょうか。他人の自分に対する評価に一喜一憂《いっきいちゆう》し、自分の気持ちに満足がいかないときには苦しみをつくり、その苦しみをみずからのものとするだけではなく、他の人々に害悪として撒《ま》き散らしているのが、悩《なや》める人間の姿ではないでしょうか。

さすれば、ここに大いなる懺悔《ざんげ》をせねばならないのではないでしょうか。大いなる悔悟《かいご》をせねばならないのではないでしょうか。大いなる反省をせねばならないのではないでしょうか。みなさんは、みずからの小ささを知り、そして、大いなる仏の御許《みもと》で、今しばらく、みずからというものを振り返ってみる必要があるのではないでしょうか。

みずからを取り巻いている愛のエネルギーを知るときに、人間は、霊的世界を貫《つらぬ》いているエネルギーの本質を知るに至《いた》るのです。それは、果てしない彼方《かなた》から、宇宙の彼方から降《ふ》り注《そそ》いで、人間に永遠の命を与える力です。

みなさんは仏法真理《ぶっぽうしんり》の書物を読み、人間の生命が永遠であることを知っていると思います。

人間は今、こういう機械万能《ばんのう》の世の中に至って、さまざまな機械を発明していますが、人間の発明しうるもののなかで、永久機関というものは、かつて存在したことがないし、今後も存在する見込《みこ》みはないのです。みずからのエネルギーによって永遠に動き続ける機械は、存在することが許されていないのです。

しかるに、人間一人ひとりの生命は、永遠にその活動を止《と》めることもなく、永遠にエネルギーが減ることもない、こうした不増不減《ふぞうふげん》の世界のなかにあり、そのような法則のなかを生きているのです。

人間が単なる機械であるならば、永遠の転生輪廻《てんしょうりんね》を繰《く》り返しているときに、人間の生命は摩耗《まもう》し、疲《つか》れ果て、やがて消え去ってもおかしくないはずです。しかるに、事実はそうはなっていません。減ることもなく、そして、永遠に生き続ける力が与えられているのです。この神秘《しんぴ》に、みなさんは思いを致さねばならないのです。

この永遠なる生命をはぐくんでいる力こそ、仏の愛の力ではないのでしょうか。そのエネルギー体が永遠に生き続けているということ自体が、愛のエネルギーが燦々《さんさん》と降り注いでいるということを証明しているのではないでしょうか。

愛の起源は、人間および他の生物たちが永遠の生命体を持っているというところにあると私は思います。永遠の生命が永遠の生命としてあるためには、それだけ、永遠のエネルギーの供給が必要なのです。永遠の仏の生かしめる力が働くことが必要なのです。これが愛の起源であろうと思います。

人間は、そうした愛を与えられ、そして、永遠の生命を与えられている存在です。永遠の生命があるということ自体が、仏の完全なる与え切りであり、無限の愛であるということを、人間は知らなくてはなりません。

もし仏の愛に条件がついているならば、もし仏の愛に限界があるならば、今生《こんじょう》においての生き方が仏の心に反したものであるとき、人間はその生命を即座《そくざ》に失《うしな》ってしまっても当然でしょう。

されども、たとえどのような生き方をしようとも、たとえ仏を誹謗《ひぼう》しようとも、一人ひとりの人は平等に永遠の生命を保証され続けているのです。この事実を何と見ますか。

「仏は善人の上にも悪人の上にも等《ひと》しく雨を降らせる」と言われています。しかし、もっと根源的なる事実は、善人であろうが悪人であろうが、仏の意に合おうが合うまいが、仏は永遠の生命を与え続けているということです。それ自体が、極限の愛ではないでしょうか。無限の愛ではないでしょうか。

こういう愛を与えられ続けているからこそ、人間はここに人間としての使命を自覚するに至るのです。

4　愛を妨《さまた》げるものとは何か

「愛の起源が永遠の生命に起因《きいん》する」という話をしました。そして、「愛とは、自と他を隔《へだ》てることなく、共にはぐくんでいく力である」ということを述べました。

こうしてみると、愛を妨《さまた》げるものとは、いったい何かというと、この両方の思想に相反《あいはん》するものであると思えるのです。すなわち、魂《たましい》の永遠性というものを否定《ひてい》し、自と他を隔てんとする力こそが、愛を妨げるものなのです。

まず、「人間は永遠の生命である」ということを否定する考え、これは仏の大いなる愛を妨げる力となっていると私は思うのです。ここにエゴイズムの起源があるということを、人間は知らねばなりません。

「一回限りの生命、わずか数十年の地上生命でもって、塵《ちり》や灰《はい》となってしまう」と思うからこそ、「われが、われが」「私が、私が」という気持ちが出てくるのではないでしょうか。

その気持ちが自他を分け、お互いに苦しめ合ったり、悲しませ合ったりするのではないでしょうか。

そして、自分の欲望のために、他人を自由にしようとするのではないでしょうか。他人を奴隷《どれい》にしようとするのではないでしょうか。他人を支配しようとするのではないでしょうか。

なぜ他人の悪口を言うのでしょうか。それは、結局、他人が自分の言うことをきかないからではないでしょうか。他人が自分の思うままにならないからではないでしょうか。他人の気持ちが自分の思うがままにならないから、愚痴《ぐち》を言うのではないでしょうか。

このように、この世的な愚痴や心配性《しんぱいしょう》、怒り、妬《ねた》み、こうした、不道徳といわれるようなものはすべて、愛の起源そのものを見たとき、それに反している感情だと言えるのです。そして、それは根源において、有限の生命という発想から出ているものであることを、みなさんは知るに至るのです。

愛に目覚めるためには、あるいは、愛を妨げるものから自由になるためには、まず、永遠の生命ということを知る必要があるのではないでしょうか。

もう一つ知らねばならないことは、「愛はお互いを高め合う力である」という考えです。お互いを高め合う力、それは結局のところ、与え合う心ではないでしょうか。他を利しようとする心ではないでしょうか。他の者の足を引っ張《ぱ》って、みずからのみよくなろうとする心の反対ではないでしょうか。お互いに愛を投げ与えてこそ、素晴らしい世界が展開するのではないでしょうか。

私は一つの例を引いてみました。ドレスを着た女性の例です。

美しいドレスを着ていても、それを自分のみが見て、よしと思っているだけで、どれほどの喜びが生まれてくるでしょう。Aという人とBという人がいて、お互いに相手の素晴らしさをほめ合ってこそ、その喜びは増えていくのではないでしょうか。幸せ感覚が増えていくのではないでしょうか。それが、宝石の輝《かがや》きにも似《に》た喜びとなるのではないでしょうか。

他の人のドレスを、真心《まごころ》から、心底《しんそこ》からほめるからこそ、そのほめる顔に笑《え》みが宿るのではないでしょうか。また、ほめられた人の顔にも笑みが宿るのではないでしょうか。そして、その喜びが、長く続いていくのではないでしょうか。また、広がっていくのではないでしょうか。増えていくのではないでしょうか。

こうした愛の技法、幸福への技法がある以上、この技法を学び、実践していくことが大事ではないでしょうか。

このように、愛を妨げるものとして、「自分と他人を隔て、自分一人の渦《うず》のなかに入ってしまう」という考え方があります。これに対しては、「常に他の人々を喜ばせよう」という気持ちが大事です。そうした気持ちを持っていればこそ、自分もまた多くの人たちから喜びを受けるのです。幸福を受けるのです。

結局、嫉妬《しっと》といい、恐怖心《きょうふしん》といい、猜疑心《さいぎしん》といい、悪口といい、愚痴といい、悲しみといい、苦しみといい、これらはすべて、自分一人を悲しみの檻《おり》のなかに閉《と》じ込《こ》めることに起因しているのではないでしょうか。それは、お互いに与え合うことがない人たちの孤独《こどく》な世界なのではないでしょうか。

人々よ、毎日毎日、心に問いなさい。「今日は人にいったい何を与えようか。どんな言葉を与えようか。どんな笑顔《えがお》を与えようか。どんな優《やさ》しい心でもって接《せっ》しようか」ということを――。

世の中がこういう人で満ちたならば、世界はそれだけでユートピアとなるのです。

ユートピアには難《むずか》しい理論は必要ではありません。ユートピアに必要なものは、この「他人に幸福になってもらいたい」と願う心です。そして、与えんとする実践行為《こうい》です。ここにユートピアの始まりがあるということを決して忘《わす》れてはならないのです。

5　善悪二元論

愛に関して語るときには、どうしても善悪の問題を語らざるをえません。これもまた永遠のテーマの一つでしょう。善悪をどう見るか。もし、「善と悪」というように、絶対的に切り離《はな》されるものがあるならば、その悪に対して、愛は何と答えるか。愛の心は何と答えるか。愛を語るとき、これを考えねばなりません。「なぜこの世に悪があるのか。なぜ天使が地獄《じごく》に堕《お》ちるのか。なぜ堕天使《だてんし》が存在するのか。堕天使まで出して地獄をつくり、善悪二元の世界をつくることが、はたして神の心であったのか。それとも、これは偶然《ぐうぜん》の産物であったのか」

キリスト教では、こういうことが話し合われてきました。

まず言えることは、「本当は、天国と地獄という二分された世界があるのではない」ということです。そして、「天国と地獄といわれるような、対立し、善と悪の根拠《こんきょ》となっているような世界が現れてきた起源だけは、人間にも理解できる」ということです。

その原因はごく卑近《ひきん》なところにあるのです。みなさんが地上で生活していても、お互いの意見がずいぶん食い違うのではないでしょうか。そこに十人の人がいて、そのうちの一人は残りの九人と意見が合わなかったら、その人だけ孤立《こりつ》するのではないでしょうか。やはり、これが悪の発生原因と言えるのではないでしょうか。

その人の考えそのものが間違《まちが》っているかどうかは分かりません。ただ、言えることは、「その人の考えを他の人たちは理解できない」ということ、また、「その人は、自分の考えを他の人に信じさせることができないでいる。他の人を説得することができないでいる」ということではないでしょうか。

こうしてみると、善悪の発生原因は、理解、説得の技術論にあるのかもしれません。

他人がすべて理解できる人であるならば、すべての人を許せましょう。すべてを知ることは、すべてを許すことにつながっていくからです。理解できないからこそ、敵《てき》と思えるのです。理解できないからこそ、その人を責《せ》めるようになるのです。

また、不平不満も、結局、自分が他人に理解されないということに起因しています。なぜ理解されないのでしょうか。それは、他人を説得できないということによるのではないでしょうか。

すなわち、善悪の発生原因は、「お互いの心がガラス張《ば》りではない」という点にあるのかもしれません。それは、地上に肉体を持つことによって、お互いの心を読み取ることができなくなったからではないでしょうか。

お互いの心がガラス張りであれば、理解できない、善悪は本来、発生しないと思います。お互いの心が分からないために、説得できないということが起き、それが善悪の発生原因となっているのではないでしょうか。

さすれば、どうやら、この善悪という問題は、地上に下りている人間が肉体に宿って生きているからこそ、お互いの気持ちが分からず、他人が理解できなくて、その理解の欠如《けつじょ》ゆえに発生したものであると思えるのです。

心がガラス張りではなく、お互いに心を読み合うことができないのならば、どうすればよいのでしょうか。Aという人とBという人が、お互いの心を読み合えないのならば、次なる手段は何でしょうか。

第三者というものに照準《しょうじゅん》を合わせるという方法があるのです。その第三者も、単なる第三者であってよいはずはありません。根本仏の心を反映しうる第三者ということになりましょう。その第三者が、根本仏の教えを説き伝えることができる人であるならば、その教えに心を向けていくということです。これが、法を基準として生きるということです。

価値観が違い、思いが違い、それぞれの人が互いに理解し合えないというのならば、共通なるものを持ってこようではありませんか。その共通なるものこそ、仏の心から流れ出したものであるはずです。それが、結局、法というもの、仏法真理というものではないでしょうか。

お互いの心が読めないならば、仏法真理に着目し、仏法真理そのものに、法そのものに心の照準を合わせていくことによって、お互いの意思を疎通《そつう》するという方法があるのではないでしょうか。

これゆえにこそ、過去、地域を隔《へだ》て、世代を隔てて、光の指導霊が何度も地上に下りては、法を説き来《きた》り、説き去っていったのではないでしょうか。

ここに、法といわれるものが説かれる論拠《ろんきょ》、根拠があるのです。お互いに心のなかが分からなくなった人々の心を一つの心に戻すために、法というものが地上に降ろされ、「この法を宗《むね》として生きよ。この法を則《のり》として生きよ。これを心の糧《かて》として生きよ」、このような教えが出てきたのです。

さすれば、人間が肉体に宿ることによって、お互いの心が読めなくなり、それゆえに悪が発生したということを、仏の創《つく》り間違いとか、仏の考え違いのように思ってはならないのです。

そうした不備《ふび》な人間、心が読めない人間であるからこそ、そこに法というものが降ろされ、「これを宗として生きよ。お互いに法を目指して生きよ。さすれば、汝《なんじ》らの心はガラス張りのごとくなり、汝らはそれを共に読み合うことができるであろう。一《いつ》なる教えに心を合わせよ」という教えが説かれているのではないでしょうか。

そして、この「法に心を合わせて生きる」という方法論がとられているからこそ、各人は、肉体に宿り、個性ある生き方、自由意思に基《もと》づいた生き方をすることを、保障《ほしょう》されているのではないでしょうか。

「善悪の超克《ちょうこく》の手段、方法として、仏法真理の獲得《かくとく》がある」ということを、私は言いたいのです。

仏法真理を知ることによって、善悪を超えることができるのです。それは、お互いの理解を妨げるものを打ち破《やぶ》ってしまうからです。それゆえに、一つの仏法真理を教えるということ、それを知るということが大事になります。これが、自他を隔てる壁《かべ》を打ち破る力となっていくのです。

人々は、仏法真理によって、お互いの心にある壁を打ち破り、「一なるもの」

としてつながっていく必要があるのです。地上に下りている人々は、それぞれ、まったく別個の存在のように生き、考えていますが、仏法真理という一本の綱《つな》の下《もと》に、心と心を結び合わせる必要があるのです。これが信仰《しんこう》ということではないでしょうか。

仏法真理を知ること、それが善悪を乗り越《こ》えていくための力です。その力の偉《い》大性《だい》を知らねばなりません。

6 魂《たましい》の輝《かがや》き

愛について、幾《いく》つかの基本的な話をしてきました。最後に、愛の原点とは何かということをお話ししておきたいと思います。

まず、「愛の原点には非常に謙虚《けんきょ》な心がある」ということを言っておきたいと思います。愛のなかに傲慢《ごうまん》さはありません。愛のなかには、「他人にこうしてやるのだ。自分は偉《えら》いから、人を導《みちび》いてやるのだ」というような気持ちは、本当はないのです。

愛のなかには、無私《むし》なる奉仕《ほうし》の気持ちがあるのです。無償《むしょう》の奉仕の気持ちがあるのです。「ただ尽くしたい」という気持ちがあるのです。その思いが純粋《じゅんすい》であればあるほど、動機が純粋であればあるほど、愛は美しいものとなっていくのです。

かくして、私は「愛と美」という話をしてみたいと思うのです。

結局、愛は、そもそも、美を求める過程《かてい》をたどっていくものです。愛とは、どれほど魂《たましい》が美しく輝《かがや》くかということです。魂の美しい輝きこそ、愛の原点と言えるのです。

そうである以上、まず出発点を誤《あやま》ってはいけないのです。「魂が、どうすればいちばん美しく輝くか」ということを、常々、考えねばなりません。

例えば、ダイヤモンドが美しく輝くのは、いったいなぜでしょうか。それは、素晴らしいカットの仕方をしているからではないでしょうか。ダイヤモンドが美しい光を放《はな》つといっても、ざくろのように割れているダイヤモンドであっては、その光に影《かげ》ができます。それは、本当の美しさとは言えないはずです。均整《きんせい》の取れた面を持っているからこそ、ダイヤモンドは美しいのではないでしょうか。

さすれば、魂が均整の取れた光を放つことが大事です。それは、結局、仏の持っている属性《ぞくせい》のそれぞれを体現するような魂となるということです。

仏の属性とはいったい何でしょうか。仏は、愛であり、知であり、勇気であり、光であり、叡智《えいち》であり、義であり、慈悲《じひ》であり、優しさであり、智慧《ちえ》であり、また、力でもあります。

仏のそうした多くの側面が、ダイヤモンドのカットの面のように光り輝いているのです。そうしたすべての面を揃《そろ》えるべく、永久に進化していくこと、永遠に進化していくことが、結局、魂の向上となっていくのです。

したがって、愛の原点は、いかに美しい魂の輝きをつくっていくかということです。

美しい魂の輝きをつくっていくためには、仏の持っている属性を一つでも多く取り入れること、発見すること、磨《みが》き出すことが必要ではないでしょうか。そして、その調和のある美しさ、均整の取れた美しさ、見事なバランスが必要ではないでしょうか。

そのために何をなせばよいのでしょうか。ここに、みなさんが仏法真理を学んでいる根拠があるのです。今、仏法真理を学び、力とし、勇気とし、心の糧とし、生きている理由が、そこにあるのではないでしょうか。

さすれば、魂に均整の取れた美しさを醸《かも》し出すためには、仏法真理を学ぶことにおいて躊躇《ちゅうちょ》してはならないのです。みずからに限りをつくってはならないのです。限界をつくってはならないのです。そこに永久の努力が必要とされるのです。仏の性質をできるだけ多くみずからの内に引き入れることに努力し、それらの諸要素を、バランスを取りながら見事に輝かせていくことが大事なのです。

仏には、一面だけではなく、さまざまな面があります。そのすべてを学んでいくことです。そして、そのすべての調和を目指していくことです。

そこに永遠の進化の道がありますし、そこに愛の原点、愛への出発点があります。なぜなら、愛とは、最高に輝くダイヤモンドのような、仏の存在そのものでもあるからです。

これが、結局、仏そのものが究極《きゅうきょく》の「存在の愛」であるということの意味なのです。仏は、仏法真理という名の最高の光を持ったダイヤモンドでもあるのです。

みなさんは、この美しさに魂を惹《ひ》かれ、心を揺《ゆ》さぶられるならば、少しでも、その光に向かって、その美しさを目指して、うまずたゆまず努力していくべきであろうと思います。そこに、知と愛が融合《ゆうごう》する姿があるのです。

第3章

祈《いの》りの本質

1　祈《いの》りとは何か

祈《いの》りということに関して、話をしていきたいと思います。

まず、祈りとは何かということですが、祈るとは、「仏神《ぶっしん》の前に威儀《いぎ》を正して、お願い事をする」ということです。

これに関して、二つの問題が出てきます。一つは、「仏神の前で威儀を正す」という行為《こうい》が、どういう意味を持っているかということです。もう一つは、「そのお願い事の内容、性質について、何らかの限定があるのかどうか」ということです。この二つの面からの検討《けんとう》が必要なのです。

まず、「仏神の前で威儀を正す」という行為が、いったいどのようなことであるかについて考えてみたいと思います。その行為には次の三つの要点があります。

第一の要点は、「謙虚《けんきょ》になる。謙遜《けんそん》の態度《たいど》を取る」ということです。こういう行為を通さずしては、仏神と相対座《あいたいざ》することができません。謙虚、敬虔《けいけん》になる、己《おのれ》を低くするということです。

第二の要点は、「己の心の汚《よご》れを払《はら》う。心の曇《くも》りを反省する。誤《あやま》ったことをしたときに懺悔《ざんげ》をする」ということです。このように、「みずからの心を清くする」という行為を伴《ともな》っていることが原則です。

仏神と人間という関係でなく、地上の人間関係であっても、偉《えら》い人の前に出るときには威儀を正さざるをえません。服装《ふくそう》、身だしなみ、顔つき、挙動《きょどう》などが気になります。あるいは、「心のなかで思っていることを見抜《みぬ》かれるのではないか」というようなことも気になると思います。本来、そうしたことは、信仰《しんこう》の世界のなかでありうる行為なのです。

己を清くしなければ、すなわち、自分の心を空《むな》しくして、この世的なる波動《はどう》を拭《ぬぐ》い去ってしまわなければ、本当に仏神と相対面するような心境にはなれないということです。これが、「仏神の前に、己を清くして出る。反省して出る。懺悔して出る」ということの意味です。

第三の要点は、「仏神と人間の関係は、ギブ・アンド・テイクの関係、契約《けいやく》のような関係ではない」ということです。すなわち、「俺《おれ》はこれをするから、おまえはこれをしてくれ」という、売買《ばいばい》契約のような関係は成り立たないのです。両者のあいだには、立場に厳然《げんぜん》とした差があるということを認《みと》めなければなりません。

会社で部下が上司に書類を回す場合、それに対する決裁《けっさい》は上司の判断にかかっています。また、その案件《あんけん》に条件が付くかどうか、修正が必要かどうか、これも上の者がいつも判断しているわけです。

同じように、人間と仏神との場合であっても、その願い事にどのような判断が下《くだ》るかということは、仏神に任《まか》されている面があります。こうした立場の違《ちが》いというものをわきまえなければいけません。願い事が叶《かな》うか叶わないかについては、仏神の側にその判定権限があるということを考えなければいけないのです。

これによって、次なる問題、すなわち、その祈りの性質、内容に関する問題が出てきます。祈りの内容が、仏神の心に適《かな》うようなものでなければいけないわけです。仏神の心に反した内容、あるいは仏法真理《ぶっぽうしんり》に反した内容であったならば、その祈りはおそらく聴《き》かれないでしょう。その点については人間の側からの検討が必要になってくるのです。

2 仏神《ぶっしん》と人間

こうしてみると、祈《いの》りという行為《こうい》には、仏神《ぶっしん》と人間の存在の違いを際立《きわだ》って感じさせるという点において、大きな意義があるように思います。

例えば、神社には境内《けいだい》という大きな空間があります。そして、社殿《しゃでん》の前に立ってみると、自分が非常に小さな存在であることが分かります。これは寺院でも同じです。大仏の前に立つと、自分がいかに小さいかということがよく分かります。キリスト教の教会でもそうです。教会のなかで、ひざまずいて祈っていると、自分の小ささがはっきりと分かってきます。こういうことがあるわけです。

結局、仏神と人間の違いを考え、その距離《きょり》をどのようにして詰《つ》めていくか、また、どうやって連絡《れんらく》をつけるか、こうしたことの方法論が祈りのなかにはあるということなのです。

祈りにおいては、電話でもかけるように仏神に祈りが通じるかどうか、これが問題となるわけですが、実は、間違《まちが》いのない〝番号〟を押《お》しさえすれば、天上界《てんじょうかい》にいる人間とも、電話のごとくコンタクトを取ることができるのです。その正しい番号を押すということが、最初に述《の》べた、祈りの作法《さほう》ともかかわってきます。作法を守り、内容をきちんと詰めることによって、その祈りが天上界に伝わっていくのです。

以前、遠藤周作《えんどうしゅうさく》の『沈黙《ちんもく》』という小説を読んだことがあります。そのなかに、日本に来た宣教師《せんきょうし》が、「どうして神は応《こた》え給《たま》わないのか。神はなぜ沈黙を守り給うのか」ということを悩《なや》む場面が出てきます。

しかし、私は今、「神は、沈黙しているどころか、非常に多弁《たべん》である」と感じているのです。もちろん、この場合の「神」とは、「高級霊《こうきゅうれい》」という意味ですが、彼らは私の思いを的確にキャッチして、必要とあらば、いつでもさまざまなアドバイスをしてきます。

「神は決して沈黙していない。高級霊たちは黙《だま》っていない」というのが事実であるように思います。彼らは地上の人間に何らかのインスピレーションを与《あた》えようと躍起《やっき》になっているように思えるのです。

それは、結局、高級霊の心が愛に満ち満ちているからです。愛とは与える心であり、その心が、結局、「望みのものを何なりと叶《かな》えてやりたい」という気持ちになってくるのだと思います。

高級霊の側に愛という思いがある以上、祈りには何らかの応えがあると考えなければいけません。したがって、「祈りによって、仏神と人間が相通《あいつう》ずるチャンスができてくることもある」と考えてよいのではないでしょうか。

3　高級霊《こうきゅうれい》の存在

このときに大切なことは、高級霊《こうきゅうれい》の存在について考えてみることです。みなさんは、当会の霊言集《れいげんしゅう》、霊示集《れいじしゅう》を通して、さまざまな高級霊の存在について学んでいると思います。そうした高級霊の存在に対して、どのように考え、どのように接《せっ》していくか、これが大事なのです。

高級霊には、「放《ほう》っておけない」「黙っていられない」という性質があります。みなさんが祈《いの》った言葉は必ず霊界《れいかい》の誰《だれ》かがキャッチしています。そして、その念《おも》いの性質、祈りの性質が仏神《ぶっしん》の心に適《かな》うようなものであるならば、高級霊たちは、「何らかの助力をしたい」と考えるようになるのです。こうして、その願いは、長い目で見て、叶《かな》えられていきます。

ただ、大切なことは、こうした祈りにおいても、執着心《しゅうちゃくしん》をあまり持たないことです。一度、心を静め、作法に則《のっと》って、静かにお願い事を申し上げたならば、あとはしばらくその祈りから離《はな》れて、心静かに毎日を生きていくことが大切だと思います。

そうすると、適当な時期にその願いが実現してくると思いますし、それが高級霊たちの心に適わないような願い事であるならば、その願いがいつしか心から離れていくようになるでしょう。

それは、こういうことです。

例えば、「今、勤《つと》めている会社のなかで非常に出世《しゅっせ》をしたい」という気持ちがあるとしましょう。しかし、そう思って祈っていたところ、二カ月ぐらいして、「非常によい仕事がある」という話が来て、転職をするということもあります。すなわち、その会社のなかで出世するという願いは叶えられなかったわけですが、意外な展開がありうるということです。

あるいは、ある特定の女性と結婚したいと祈っていても、それが本当に自分の伴侶《はんりょ》としてふさわしい人でなければ、いつしか、そうした気持ちが消えていって、別の女性に惹《ひ》かれていくようなこともあります。

したがって、「どういう判定をされるかということについては、高級霊たちにお任せする」という気持ちが大事です。

人間心《にんげんごころ》で、「どうしてもこうしたい」とあまり強く念《おも》っていると、それが間違った念いである場合には、たいへん違った方向に進んでいくこともあります。祈りには、どうしても、自分の欲を伸《の》ばす方向というものが入っているため、たいへん危険な面もあることは事実です。祈りが欲望の祈りへと化していったときには、魔界《まかい》の者たちに魅入《みい》られることがありうるのです。

あくまでも、祈りのなかに執着を持たずに、淡々《たんたん》として祈るという気持ちが大事です。「もし御心《みこころ》ならば、適当な時期に叶えてください」という祈りが大事なのです。

4　大宇宙に遍満《へんまん》するエネルギー

祈《いの》りということを考えていく際《さい》に、どうしても無視しがたい観点があります。それは「大宇宙にエネルギーが遍満《へんまん》している」という考え方です。これを、人間は、ともすれば忘《わす》れがちなのです。

例えば、宇宙服を着た自分が月の表面か何かに置き去りにされたような孤独感《こどくかん》、あるいは、砂漠《さばく》のなかで一人だけ置き去りにされたような孤独感を持って、盛《さか》んに祈っている。周りに、みずからを助けるものが何もない、そうした気持ちを抱《いだ》いて、盛んに祈っている。そういうことがよくあるわけです。

しかし、現実はそうではありません。みなさんの目には見えないかもしれませんが、この大宇宙には、さまざまな叡智《えいち》、さまざまな愛の光が満ち満ちています。

大宇宙には、愛のエネルギーが満ち溢《あふ》れている、満ち満ちている、そういうことが言えるのです。

この事実に気づいたときに、みなさんは、「自分はこんなに多くの味方に囲《かこ》まれていたのか。こんなに多く、自分を成功させようとする思いが大宇宙に満ち満ちていたのか」ということに思いを致《いた》すようになってきます。

例えば、成功という考え方一つを取っても、実は、大宇宙のエネルギーのなかには、成功の要素は満ち満ちているのです。大宇宙の仏の心のなかには、繁栄《はんえい》という考え方も、発展という考え方もあります。富《とみ》という考え方、富想念《ふそうねん》、富《と》んだ想念というものが大宇宙には満ち満ちていて、この富んだ想念が、世界の各地で、いろいろなかたちを持って具現化《ぐげんか》しているのです。

ある人は映画俳優《はいゆう》になって成功したり、ある人は政治家になって成功したり、ある人は実業家で成功したり、ある人は医者で成功したり、ある人は作家で成功したり、いろいろなことがありますが、これは、富まさんとするエネルギーが具現化してきたものなのです。

すなわち、「仏の愛は有限のものではない」という考え方があるということです。

一方、アメリカの経済学者のレスター・サローという教授が、「ゼロサム」という考え方について本を出したことがあります。経済学のなかには、「ゼロサム」という考え方があるのです。これは、「パイの一部を誰《だれ》かが取ったら、その分だけ他の人の取り分が減る。全体の総量は変わらない。パイの総量は増えも減りもしない」という考え方です。

「アップルパイが目の前にあるとして、これを誰かが切って食べると、その分だけ少なくなる。一人で半分食べると、二人しか食べられない。八人で食べると、八分の一ずつしか食べられない。総量は変わらない。ゼロサムである」

こういう考え方を彼は出していたと思います。

もちろん、この世的にはそうした考え方もありえます。例えば、会社のなかにおいても、「誰かが出世すれば、その分、自分は出世しない」という考え方もあるでしょう。試験などでも、「誰かが合格すれば、自分は合格しない」という考え方もあるでしょう。

ただ、こうした一律《いちりつ》の競争主義だけが真実の姿《すがた》であるわけではありません。仏の成功想念というものは、数でものを見ているわけではないのです。「一万人に一人だけ成功させよう」とか、「一億人に一人だけ成功させよう」とか、あるいは、「その会社で一人だけ成功させよう」とか、そのようには思っていないのです。

仏は、一定の実力がある者を成功させようとするのです。その人の心掛《こころが》け、努力の仕方、そうしたものが一定レベル以上になれば、その人は必ず、成功の想念というもののなかに、その流れのなかに入ってきます。そして、あちこちでいろいろな成功が起きていくことになります。

例えば、ある会社のなかで必ずしも成功できない場合には、その人が別の会社をつくることもあります。あるいは、さらに転身していって、もっとすごいことをするかもしれません。こうしたものなのです。

したがって、くじ引きで当たるような成功、あるいは、「誰かが成功したら、誰かが失敗する」というようなゼロサムの考え方を、あまり持ってはいけないと思います。そうした考え方を持つと、エゴイズムの世界をつくり、他の人を排除《はいじょ》する排除主義、排斥《はいせき》主義の考え方に陥《おちい》っていくことになるのです。

宇宙のなかには、みなさんを幸福にしようとするエネルギーが満ち満ちています。そのエネルギーの流れをどのように引いてくるか、これが実は祈りの方法として大事になってくるのです。

5　祈りの方法

次に、祈《いの》りの方法について考えてみましょう。

幸福の科学の三帰信者《さんきしんじゃ》（仏《ぶっ》・法《ぽう》・僧《そう》の三宝《さんぽう》に帰依《きえ》することを誓《ちか》った者）には、『祈願文《きがんもん》①』『祈願文②』という経典《きょうてん》が与えられます。そのなかには、「主《しゅ》への祈り」「守護《しゅご》・指導霊《しどうれい》への祈り」「仏説《ぶっせつ》・願文《がんもん》『先祖供養経《せんぞくようきょう》』」「病気平癒祈願《びょうきへいゆきがん》」「悪《あく》霊撃退《れいげきたい》の祈り」「結婚祈願」などの祈りが数多く収《おさ》められています。

また、『愛から祈りへ』（大川隆法著・幸福の科学出版刊）には、「繁栄の祈り」「永遠の祈り」などの祈りが収められています。

祈りというものには、願い事を成就《じょうじゅ》するための祈りと、エネルギーを充電《じゅうでん》するための祈りの二種類があります。危険性が少ないのは、エネルギーを充電するための祈りのほうです。これは非常に危険性が少ないと言えましょう。

こうした祈りの場合は、心静かに座《ざ》し、仏神《ぶっしん》に対して、「無限のエネルギーを与え給え」「無限の叡智《えいち》を与え給え」「無限の愛を与え給え」などということを祈ります。そして、そうした祈りをしているとき、「天上界から素晴《すば》らしいエネルギーが降《ふ》ってきた。供給されてきた」と、それを受けている自分というものを思い描《えが》くのです。

例えば、「仏の無限の愛が、自分に今流れ入《い》ってくる」というように考えます。そして、「自分の体のなかに無限の愛が満ちてきた」と思ったならば、次は、「これをどのようにして、放射《ほうしゃ》していくか。世の中に出していくか」、こうしたことに思いをめぐらせていくべきだと思います。

「仏の無限の力が流れ入る。仏の無限の力が自分に差してくる」というように思い、「充電されてきた」と思ったならば、今度は、「この無限の力をもって、どのように、世の中を渡《わた》っていくか。世の中に貢献《こうけん》していくか」、こうしたことを考えていくことが大事です。

このように、いちばん安全性の高い祈りとしては、エネルギーを充電するための祈りがあります。これを使うことです。

私も実はこれをよくやっています。毎日、仕事をしていますが、日によっては、体調の悪いとき、疲《つか》れたときがあります。こうしたときには、必ず高級霊の光を受けています。仏の光そのものを入れることもありますが、高級霊の誰《だれ》かに呼《よ》びかけて充電をしてもらうと、サーッと光が入ってきて、体に力が満ち満ちてきます。そして、次なる仕事に移《うつ》っていくことができるようになります。

この願いは非常に簡単《かんたん》に叶《かな》えられますし、多くの高級霊たちも、これならば安心して光を入れてくれます。ただ、具体的な物事の成功、成就ということになると、難《むずか》しい問題があるのです。

私は、エネルギー充電のための祈りはずいぶんやっていますし、これについては高級霊たちもそうとう力を貸してくれます。しかし、具体的ビジョンのある祈り、「これをこうしたい」ということに関する祈りを、私はあまりしたことがありません。なぜかというと、念《おも》わなくても、次々と道が開《ひら》けるという現象《げんしょう》が私の身の回りに起きてくるからです。

すなわち、こういうことが言えます。その人の心が正しい方向に向いており、その人が日々、努力していれば、自動ドアのように、ひとりでに道は開かれていくのです。そして、この自動ドアのごとく道を開いているのが高級霊たちの力なのです。

具体的に「こうしたい」と強く念じなくとも、自然にそうなってくるのです。地上の人間に要求される努力は、その間《かん》、耐《た》えるということ、一定の時間を待つということです。しかも、ただ漫然《まんぜん》と待つのではなく、努力して待っているということ、「与えられるときに受け取る」ということで待っているということです。

そして、受け取ったならば、さらにそれを世の中のために使っていこうとする心境が大事なのです。

ただ、「祈りの奥《おく》には大いなる理想がある」ということだけは忘れないようにしていただきたいと思います。理想の小さい人の祈りは、しょせん、自我《じが》の殻《から》のなかをぐるぐると虚《むな》しく回っていくことになります。

祈りに際しては、どうか、純粋《じゅんすい》な、大いなる理想を抱《いだ》いて行《おこな》っていただきたいと、切《せつ》に願う次第《しだい》です。

第4章

人生の煌《きら》めきとは何か

1　大自然に見る繁栄《はんえい》

本章では、「人生の煌《きら》めきとは何か」というテーマで話をしたいと思います。まず、大自然に見る繁栄《はんえい》について述《の》べてみたいと考えます。

夏という季節は非常に面白《おもしろ》い季節であると思います。なぜなら、それは、あらゆる生命が、その輝《かがや》きを最大限に発揮《はっき》している時期であるからです。

夏、外に出てみると、日の光は非常に強く、木々は緑をよりいっそう強くしているように感じます。また、木の影《かげ》の色もいっそう濃《こ》く感じます。そうしたとき、みなさんは、生命というものが躍動《やくどう》している、また、繁茂《はんも》している、そのように思うのではないでしょうか。

こうした大生命、大自然のなかの生命の息吹《いぶき》を感じるとき、みなさんは一年の周期というものにどうしても思いをめぐらさざるをえないはずです。

なぜ、仏は一年のあいだに四季というものをつくったのでしょうか。なぜ、冬があり、春があり、夏があり、秋があるのでしょうか。こうした循環《じゅんかん》のなかで生きていることに、いったいどのような意味があるのでしょうか。

みなさんはこの四季のなかを漠然《ばくぜん》と生きているでしょうが、四季の意味を、もう一度、考えてみる必要があると思います。

そして、こうしたことに思いを致《いた》してみると、例えば夏なら夏という季節に、一つの意味があるということに気づかざるをえないのです。

では、仏が創《つく》った四季のなかで、夏の持つ意味は、いったい何でしょうか。何をもって、夏の理念《りねん》としましょうか。また、何をもって、夏が意図《いと》しているものだと考えましょうか。

私は、夏という季節が持っている意味、その理想というものは、主《しゅ》として三つあると思うのです。

第一の意味は、まさしく「繁栄」ということであろうと思います。四季折々《おりおり》の大自然の彩《いろど》りを見ても、最大の繁栄はやはり夏です。

夏に特に強く感じるのは、単なる繁栄ではなく、その底に流れる力強さ、たくましさといったものです。特に、雑草《ざっそう》たちの力強さは、人間を非常に感動させるものを持っているように思います。

夏という季節に、「これでもか、これでもか」というように、次から次へと、力強く、その茎《くき》を伸《の》ばし、その葉を伸ばし、生《お》い茂《しげ》っていく雑草たちの姿《すがた》に、なぜか、人間の弱く平凡《へいぼん》に生きている姿、人間の生命の光、輝きの弱々しさを感じさせられます。

なぜ雑草たちがそれほどまでに力強く繁栄しているのか。別の観点から見るならば、仏は、人間にその名さえ覚えてもらえないような、ああした雑草に、繁栄というものを与《あた》えている。このことに、人間は何かを感じ取らねばならないのです。

それは、「たとえ立派《りっぱ》な花をつけずとも、また、見た目が美しくなくとも、その雑草が、しぶとく、たくましい生命力を発揮して生きていること自体が、素晴《すば》らしいのではないか。また、それだけ生い茂っているということに、おそらく彼らは生命の喜びを感じているのではないか。いや、感じているに違《ちが》いない」と思われるからです。

仏は決して、大自然の美というものを、その外観《がいかん》の美しさのみでもってよしとしているわけではありません。菊《きく》の花、あるいは桜《さくら》の花のように、花そのものが美しい植物もあるでしょうが、外見上、そうしたきらびやかなものは何も持たずとも、夏という季節をつくり出している、夏の風情《ふぜい》をつくり出している雑草のなかに、繁栄というものの本質が感じられるのです。

それは、伸びていく力であり、広がっていく力であり、突《つ》き上げてくる生命力です。そうした、伸び、広がり、突き上げてくる力、これがすなわち、人生の盛《さか》り、真昼時《まひるじ》を明らかにしているものであろうと思います。

そうであるならば、人間は、「たとえ自分たちは菊やダリア、桜などの花ではないとしても、雑草のごとく、たくましき生命力でもって、繁栄というものを表《あらわ》すことができるのではないか」、そうしたことを学ぶことができるのです。

夏の意味の第二は、「やがて凋落《ちょうらく》というものが忍《しの》び寄《よ》ってくる」ということが感じられることです。生命の盛りにこそ、最盛期《さいせいき》にこそ、次なる凋落の時期が迫《せま》っていることを人間は感じるのです。

それゆえ、夏の八月に、セミが木に止まって、あれほどしきりに鳴いている声を聞いても、やがて迫ってくる秋風を連想するのであろうと思います。

生命をいちばん美しく感じるとき、それは、やがて、はかなく崩《くず》れていく前の姿であることもあります。果物《くだもの》などがいちばんおいしい時期も、それが腐《くさ》っていく少し前であることが多いように思います。

このように、夏というものは、あるいは、繁栄というもの、盛りというものは、それ自体のなかに、次なる萌芽《ほうが》、衰退《すいたい》への兆候《ちょうこう》をも内包《ないほう》しているのです。消えていくロウソクの炎《ほのお》であるからこそ、いっそう力強く光り輝いているようにも見えるわけです。

さすれば、人間が夏の第二の意味から感じ取るべきことは、「みずからが発展期にあり、繁栄期にあるというときに、次なる凋落の傾向《けいこう》を敏感《びんかん》に察知《さっち》して、対策《たいさく》を立てていく必要がある」ということです。これを仏は人間に教えているのです。

夏の意味の第三は、「鮮《あざ》やかさ」ということであろうと思います。夏は、すべての色が濃くなっていく、そういう色の濃さを感じる季節ですが、この鮮やかさも、それが一つの教えになっていると思うのです。

その鮮やかさとは何かというと、ある意味において、「光の強さ」と言い換《か》えてもよいのではないでしょうか。光の強さとは、その生命が放《はな》つ瞬発力《しゅんぱつ》に似《に》た輝きでもありましょう。

つまり、人間はマンネリズムのなかで毎日を生きていきやすいものですが、そのなかにおいて、強い光を放つべきときがある、こうしたことを教えているのです。鮮やかなる彩《いろど》りというものを表《あらわ》すべきときがある、こうしたことを人間に語りかけているのです。

夏という、この色鮮やかさは、別な観点から見ると、「影響《えいきょう》力」ということです。繁栄が、「みずからが咲《さ》き誇《ほこ》り、のびのびと伸びている」ということを意味するならば、この色鮮やかさ、光の強さは、「他の者への影響、インパクト」という言葉に置き換えられるでしょう。

すなわち、これは、「どのような人であっても、どのような社会であっても、どのような文化であっても、その高みにあるときに、最大限に影響力を持て」ということを意味しているのではないでしょうか。私はそう感じるのです。

2　旺盛《おうせい》なる生命力

夏について、三つの考察を明らかにしたわけですが、さらに、夏の根底に流れる力というものを分析《ぶんせき》していきたいと思います。

それは結局のところ、一言《ひとこと》で言うならば、「旺盛《おうせい》なる生命力」という言葉に要約されるのではないでしょうか。何ゆえに、これほどまでに旺盛なる生命力を感じさせるのか。また、伸びていくときの力が、なぜこれほどまでに強いのか。それを考えねばなりません。

この旺盛なる生命力の根源にあるものが二つあると私は考えます。

第一は、それだけの準備《じゅんび》をしてきたということです。夏という情景を醸《かも》し出すためには、それぞれの植物たちが、また動物たちが、冬から春にかけて、たくさんの準備をしてきたという事実があるのです。生命が伸びる時期を見越《みこ》して、内なる蓄《たくわ》えをしてきた。そして、そうした内なる蓄積《ちくせき》が、ある一線を超《こ》えたときに、発展、繁栄となって展開し、開花してきている。そう感じるのです。

したがって、これは、蓄積の効果、累積《るいせき》の効果というものが、ある時期を境《さかい》にして表れてきたものであると感じられるのです。これを英語ではキューミュラティブ・エフェクト（cumulative effect）といいます。いろいろなもの、資料ならば資料というものを、孜々《しし》として集めていくと、それが、ある一定の限度を超えたときに、異常《いじょう》な力を発揮し出すことがあるのです。

私もこうした方法でよく思想を練《ね》っています。書物収集の際《さい》には、それほど問題を特定せず、そのときどきに関心のあるものを、いろいろと集めて読んでいるのですが、こうしたことを何年か続けていくうちに、だんだん一つのまとまりが形成され、資料価値《かち》を持つようになってきます。そうすると、それが一つのテーマとして流れ出し、一冊《いっさつ》の書物に結集していくことがよくあります。

そうした場合に、一冊の書物をつくるという前提で資料収集をするという方策《ほうさく》が、はたして賢明《けんめい》かというと、必ずしもそうではないのです。最終の目的が分からないうちから、関心の赴《おもむ》くままにさまざまな文献《ぶんけん》を集積し、また、それに対して知的努力をしていると、ある点を突破《とっぱ》したときに、累積効果が出てきて、開花することがあります。テーマが一気に展開し始める時期、テーマそのものが動き始める時期があるのです。

学ぶということにおける準備の大切さを私自身も感じています。おそらく、みなさんの多くも、こうしたことを感じることでしょう。

仏法真理《ぶっぽうしんり》の学習でも、無目的に学んでいたり、試験のために勉強していたりすると、気持ちがなかなか整理されない場合もありますが、やがて、知らず知らずのうちに内的蓄積が進み、ある一線を超えたときに、それが伝道の力となったり、他の人々を動かす力となったり、自分の新局面を切り開くための力となったりすることがあるのです。

これらはすべて、累積効果、あるいは蓄積効果と呼《よ》ばれるものであって、ある一線を超えたときに、見事な力となって表れてくるのです。

夏の旺盛なる生命力というものをじっくりと観察するとき、それは、冬から春にかけて蓄えた内的蓄積が、そのように転化したものであると私は感じます。

旺盛なる生命力の第二の源泉《げんせん》、源《みなもと》は何であるかというと、やはり、環境《かんきょう》の力が大きいと思うのです。夏という季節の持つ環境の力がどうしても大きいように思います。それは、「環境そのもののなかに、ダイナミックな部分、ダイナミズムがある」という点に求められるでしょう。

夏になれば、強い風が吹《ふ》いたり、激《はげ》しい雨が降《ふ》ったりします。そして、日差しはきつくなります。また、気温の上下の差も激しくなってきます。このように、環境そのものがダイナミックになってきます。このような環境のダイナミズムに応じて、旺盛なる生命力が一気にほとばしり出るわけです。

したがって、みなさんが、この旺盛なる夏の生命力を観察するときに考えなければならないことは、環境のダイナミズムです。

みなさんが人生を生きている何十年かのうちに、そうした環境の激変《げきへん》というものが必ずあります。人生の四季における夏に当たる部分は、どのような人にとっても必ずあるのです。女性であっても、男性であっても、人生のうち、夏に当たる時期が必ず何度か来ます。

環境のなかに動きが出たとき、動的な面が出てきたときに、そうした環境の変化を感じ取り、「ここが自分の踏《ふ》ん張《ば》りどころである」ということを知らねばならないのです。

力を出すべきときに出さない場合、夏という情景は出てきません。すなわち、「旺盛なる生命力は、環境のダイナミズムを感じ取ったときに発揮しなければいけない」と言っているのです。こうしたときに、いつまでも、冬のような気持ち、雪の下でじっと身構《みがま》えているような気持ちでいては、本当に人生は開けてこないのです。

環境の変化を読み取って、「今、自分が活躍《かつやく》すべきときが来た」と感じたときには、縦横無尽《じゅうおうむじん》に活躍せねばなりません。その前提として、内部の蓄積があったのです。こういう考え方を大事にしてほしいと思います。

3　循環《じゅんかん》の法

人生には春夏秋冬《しゅんかしゅうとう》があります。それは必ずしも季節のような一年周期ではありません。人によっては三年周期のこともある。五年周期のこともある。あるいは、十年周期、二十年周期、五十年周期ということもあるでしょう。

人生の循環《じゅんかん》は、大自然の循環や経済法則における循環とは必ずしも一致《いっち》しません。個人個人によって、その循環の波が違っています。それは結局、その人の魂《たましい》の器《うつわ》によっても違っているのです。

魂の器として、異常な変化が欲《ほっ》せられている魂があります。それは、非常に大きな使命を帯《お》びて生まれてきている魂です。そうした魂の場合には、環境の激変に見舞《みま》われることがあります。なぜなら、荒削《あらけず》りな環境による鍛錬《たんれん》を用意されないと光らない魂があるからです。そうした人には、さまざまな事件が次から次へと身の回りに起きてくることもあります。

また、魂がそれほどまでに荒々《あらあら》しさを求めていない場合、すなわち、大きな改《かい》革《かく》ではなくて平和を求める傾向を持つ魂である場合には、もちろん、その循環の速度がゆっくりとしたものになってきます。十年、二十年という時間を経《へ》て、少しずつ少しずつ環境が変わっていく、そうした生活を送る人もいます。それぞれ、魂の求めているものが違うと考えてよいでしょう。

さて、みなさんは、自分の魂を観察して、いったいどのような傾向を持っているると思いますか。荒々しい嵐《あらし》の夜の船旅《ふなたび》のようなものを求めているのか。それとも、サラサラと流れる春の小川のようなものを求めているのか。そこにも魂の違いが表れているでしょう。

もし、みなさんのなかに、荒々しい嵐の海のなかを漕《こ》ぎ渡《わた》っていくことを好《この》むような傾向があるならば、おそらく、そうした人は、変化のない人生には納得《なっとく》がいかないであろうと思います。こうした魂は、大いなる成功を達成する可能性を秘《ひ》めている反面、大いなる失敗をすることもあります。その両方の可能性を持っています。

いずれにせよ、大切なことは、みずからの魂がどういう周期でもって生きているかということを見、そして、魂の強く出てくる面、また弱っていく周期、それを見て上手《じょうず》に乗り切っていくことです。

その循環の法のなかを生きるときに大切なことは、次の二つのポイントを押《お》さえることだと思います。

一つは、自分が衰退期あるいは準備期にあるときには、内なる蓄積を積む、これに徹《てっ》するということです。放電《ほうでん》を少なくし、充電《じゅうでん》を多くする、蓄積を多くするということです。

もう一つは、活躍期、放電すべきときが来たならば、どんどんとそれを出して、大いに、縦横無尽に働いていくということです。こうしたことが大事です。その際に、夏の意味のなかでも語ったように、「繁栄期にはすでに衰退の芽がある」ということを忘《わす》れず、次なる蓄積を開始しておくことです。

このように、循環型、サイクル型の人生計画を持っていると、多くの場合、大きな失敗はないのです。

ところが、こうした循環型、サイクル型の人生計画ではなくて、一直線型の人生計画を持っていると、それで最後まで貫《つらぬ》ける人もなかにはいますが、たいていの場合、環境の変化によって、ボキリと折《お》れてしまうことが多いのです。

こうした単調な、単線的な発展のみを、発展と呼んではなりません。四十五度の角度でもって一直線に伸びていく発展のみをもって、発展としてはなりません。やはり、「発展のなかには、螺旋階段状《らせんかいだんじょう》の発展もある」ということを考えねばなりません。一時期、後退したように見えても、それが次なる準備であるということもあるのです。

このように、「螺旋階段型に次々と循環しながら発展していく」ということを予期することが正道《せいどう》であると私は考えます。

4 美しき人生

循環の法のなかで生きていくときに、心掛《こころが》けなければならないことがあります。それは二つの面から検討《けんとう》されることです。

その一つは、「自分自身の納得が得られる生き方であるか」という観点です。

例えば、みなさんが六十歳や七十歳、八十歳で地上を去るとして、そのときに、みずからの人生を振《ふ》り返り、その生きてきた軌跡《きせき》、航跡《こうせき》を見て、「美しい航跡である。あのような美しい航跡を引いて自分の船は進んできた」と思えるということは、たいへん大事なことです。

それは必ずしも、この世的なる成功のみを意味するわけではありませんが、少なくとも、「自分の船が動いてきた跡《あと》、波が続いていく、その白い航跡に、多少なりとも美しさを伴《ともな》っている」ということが大事な視点であると思います。

この美しさとは、やはり、魂《たましい》が煌《きら》めいている瞬間《しゅんかん》でしょう。

自分の六十年、あるいは七十年、八十年の過去を取り出して他の人に見せるとして、「この部分は見せてもいいな」と言えるような部分がはたしてあるかどうか、これが大事な点なのです。

「二十代のときの自分の刻苦勉励《こっくべんれい》した姿、ここだけは誇ってもよい。取り出してお見せしてもよい」と思うか。あるいは、「自分が社会に出てから、中堅《ちゅうけん》どころの三十代に、非常に仕事に打ち込《こ》んでいたその姿、これは人に見せてもよい」

と思うか。そのような人生であったか。それとも、「豊《ゆた》かな晩年《ばんねん》を迎《むか》えた時期、これを人にお見せしてもよい」と思うか。

いずれにせよ、「人にお見せしても困《こま》らない」というような部分を、人生のどこかに持たなかった人は、非常にさみしい生き方をしてきたと言えると思います。苦労が多い人生であっても、やはり、どこかで一花咲《ひとはな》かせるべきでしょう。あるいは、大成功した人であっても、どこかに、他の人の魂の共感を呼ぶような部分があってよいのではないでしょうか。

このように、その人個人というもの、その人の魂そのものを捉《とら》えたときに、その魂の生き方、魂という名の船の航跡に美しい面がある、美しい部分があるということが大事であると思います。

そして、いま一つの観点は、「その美しさに調和が取れている」ということです。この調和とは、その人の人生の流れのなかにおける調和を意味しているのではなく、その人の周りにいる人々のなか、環境のなかにおいて、調和が取れているということです。

一隻《いっせき》の船だけが美しく進んでいくのも立派ですが、何隻もの船、何艘《なんそう》もの船が整然と進んでいく姿は、また美しいものです。それなのに、ある船はまっすぐ進み、他の船は斜《なな》めに進み、他の船は戻《もど》ってくる、こうした姿であっては、必ずしも海という情景が絵にならないのです。

それぞれの船が、美しい航跡を残しながら進んでいく。そして、その進み方は非常に調和が取れている。こうした人生が本当に素晴らしいのではないでしょうか。私はそのように感じるのです。

したがって、次なる観点は、自分の人生のなかに美しい面があったと同時に、自分と共にあった人々、共に生きていた人々と調和して、素晴らしさを醸《かも》し出していた時期があったかどうかということです。

苦悩《くのう》のときにあって、他の人と共に美しくあれたか。あるいは、成功時、順調時にあって、他の人と共に美しく生きられた自分であったか。そうした観点からの考察も大事であると私は考えます。

5 人生の煌《きら》めきとは何か

夏という季節をテーマに取って、さまざまな角度から話をしてきましたが、この小文の内容を一言に要約するならば、結局、「人生の煌《きら》めきとは何か。それを追究せよ。探究《たんきゅう》せよ」ということに帰着するのではないかと思います。

夏という季節、もっと限定するならば、八月という季節は、人生の煌めきとは何かをみなさんに問いかけているのです。あるいは、「大自然は、毎年毎年、巡《めぐ》りながら、八月という季節にそれだけの煌めきを表《あらわ》している。それなのに、あなたがた人間は、一年に一度の煌めきもないのか。煌めきを発する瞬間もないのか」と、みなさんに挑戦状《ちょうせんじょう》を突きつけているとも言えるのです。

みなさんに、胸《むね》に手を当てて考えていただきたいのです。仏が創《つく》った大自然の循環のなかにも、そうした煌めきが、毎年毎年、含《ふく》まれているのです。それなのに、自由意思でもって主体的に生きていくことを許《ゆる》されている人間が、その煌めきを持っていないということは、どれほどその人が怠慢《たいまん》に生きているかということを意味しているのではないでしょうか。

「煌めきのない人生は不毛《ふもう》である」と言い切ってもよいと思います。人生のなかに、点滅《てんめつ》する灯《ひ》のごとく、煌めきの瞬間がつながっていること、そして、できうるならば、その人生の煌めきが、自分一人のものだけでなく、自分の周りにいる人の煌めきへとつながり、それが日本国中、世界中に広がっていくことこそ、みずからの人生の理想としてもよいことなのではないでしょうか。

みなさん一人ひとりの器《うつわ》は違います。才能も違います。教育も違います。環境も違います。生い立ちももちろん違うでしょう。しかしながら、どのような条件下にあっても、魂《たましい》を光らせることは可能です。魂の煌めきを持つことは可能です。

魂の煌めきとは何でしょうか。あなたなりの魂の煌めきとは、いったい何なのか。それを示《しめ》していただきたい。それをみずからつかむこと、確認《かくにん》すること、それが悟《さと》りへの第一歩であり、みなさんが本当の人生を生きているということの確認でもありましょう。

どうか、毎年毎年、煌めきを放つみなさんであっていただきたい。また、できうるならば、毎年と言わず、一カ月のうちに、一週間のうちに、一日のうちに、一度の煌めきを持つようなみなさんであっていただきたい。それでこそ、魂を磨《みが》いていると言えるのではないでしょうか。

第5章

一日一生

1　初秋に思う

暑い夏もどうやら過ぎ、初秋の風がそこはかとなく感じられる、今日このごろです。みなさんは、この夏をどのように過ごされたのでしょうか。涼《すず》しくなった今、夏の成果が何らかの影響《えいきょう》として表れてきているのではないかと思います。

夏のうちに体力を鍛《きた》えた人は、しだいにやる気が出てきているでしょうし、夏のあいだにさまざまな勉強をした人は、その蓄積《ちくせき》が効《き》いてきて、秋以降《いこう》、気候《きこう》の変化と共に、ますますやる気が出てくると思います。また、夏のあいだ何もしないで怠《なま》けていた人も、それなりに気分を一新して、新しい生活に入ろうとしておられることと思います。

みなさんのさまざまな思いを心のなかで想像しながら、私もまた秋への第一歩を踏《ふ》み出してみたいと思います。

秋になると、いつも思うことがあります。それは、朝起きたときに空気がひんやりと感じられ、夕方になると、ふっと人恋《ひとこい》しくなり、哲学《てつがく》的な思いを抱《いだ》いたり、心のなかに詩が浮《う》かんだりすることが多いということです。秋には、なぜか、そうした気分が漂《ただよ》っているように思います。

それは結局、気温が下がっていくということ、また、夏の盛《さか》りを過ぎて、草木たちが冬へ向けて準備《じゅんび》をしているということ、また、農作物《のうさくぶつ》が実《みの》りの時期を迎《むか》えてきているということ、こうしたことが、目に見えない世界において、一つの風《ふ》情《ぜい》をつくり出しているからではないでしょうか。

秋になれば、胸《むね》に染《し》みとおってくる言葉、文学があるわけですが、これらもやはり、人間の感性のなかに何かを響《ひび》かせるものがあるのだと思います。

秋になって静かに文学書を繙《ひもと》く、そうした感じを、なぜ素晴《すば》らしいこととして人々は受け止めるのでしょうか。おそらく、それは、秋という季節が、人間の人生というものを洞察《どうさつ》するのに非常に適した季節であるからでしょう。秋という季節は、長年、そのように考えられてきたのだと思います。

2　収穫《しゅうかく》のとき

ここで、「収穫《しゅうかく》のとき」ということについて考えてみたいと思います。幸福の科学の会員にとって、収穫、刈《か》り入れと呼《よ》べるものは、いったい何なのでしょうか。どういう事実が確認《かくにん》されたときに、「収穫があった」と言えるのでしょうか。

幸福の科学の会員であるならば、「収穫があった」と言えるためには、少なくとも次の三つの条件を満たしていなければならないと私は思うのです。

その第一は、「常《つね》にみずからの正しき心を探究《たんきゅう》し続けている」ということです。

そして、その「正しき心の探究」も、単に、今日、明日《あす》のことではなく、また、入会当初のことだけでもなく、一年、二年、三年と続けた実績が必要です。そうした「正しき心の探究」を持続《じぞく》している自分の確認ができたとき、これは一つの収穫であると思うのです。

最初、「正しき心の探究」という課題を掲《かか》げられたとき、それに対して賛同することは、そう難《むずか》しくはありません。ところが、半年がたち、一年がたち、二年がたつうちに、初心を忘《わす》れ、自分のことは棚《たな》に上げ、あれこれと欲望が深くなってくるのが人間の常です。したがって、常に原点回帰し、正しき心に立ち戻《もど》る、そうしたみなさんでなければならないのです。

この「正しき心の探究」は、貯金のようにためておくことができません。貯金の場合には、百万円、二百万円、三百万円とためておけば、それを少しずつ使っていっても、しばらくはもちますが、「正しき心の探究」は、〝貯金〟が利《き》かないようになっています。それは、その日その日の一日限りの仕事となっているのです。

この意味において、「正しき心の探究」は、貯金という概念《がいねん》、貯蓄《ちょちく》という考え方がまったく利かず、そのつど、そのつどのものであると言えましょう。

それゆえに、「毎日、正しき心を探究する」という姿勢《しせい》の継続《けいぞく》が何よりも大事なこととなるのです。

会員として収穫があったと言える第二の場合は、「仏法真理《ぶっぽうしんり》の学習において、自分が一定のレベルまで来た」という自信を得たとき、あるいは、その実感を得たときです。

幸福の科学では、会の目的として、「仏法真理の探究・学習・伝道」という三つの項目《こうもく》を挙《あ》げています。そして、この三つの項目は、この順序でやっていくことが基本前提となっているのです。

まず、各人の仏法真理の探究があります。これは、指導者においては、新《あら》たな真理を常に探究し、探し出し、発見していくということでもありますし、会員一人ひとりにとっては、みずからの正しき心の探究を中心として、自分にとっての真理とは何かを探究する姿勢を意味しています。

次に、学習です。これは、幸福の科学から出されている数多くの書物などを、自分流の偏《かたよ》った考え方で捉《とら》えるのではなくて、オーソドックスな、間違《まちが》いのない捉え方をしていくということ、そのための努力を惜《お》しまないということ、そして、その努力を積み重ねていって一定の学力をつけるということを意味しています。

これを学校の勉強か何かと勘違《かんちが》いして、軽《かろ》んずる人もいるわけですが、私はこうした人に対して、仏法真理の学習がどれほど値打《ねう》ちのあることかということを、もう一度、述《の》べておきたいのです。この地上において、私が今説《と》いている仏法真理を学習するということは、たいへん価値《かち》のあることなのです。

日本人のなかには、仏法真理を知らない人がまだ数多くいますが、仏法真理を知らないままに他界《たかい》した人は、地上界《ちじょうかい》を去ったのち、この真理知識と、現実の自分の常識《じょうしき》とのギャップの大きさに、大いなるショックを受けるのです。

また、このうちの何割かの人には、地獄《じごく》という名の暗い所での修行《しゅぎょう》が待っています。彼らを一概《いちがい》に責《せ》め切れないのは、「仏法真理を知らない」という気の毒な事情があるからです。

しかし、その「知らない」ということに対する責任は、他の誰にも取らせることができないのです。

死後、あの世で地獄に堕《お》ち、文部科学省《もんぶかがくしょう》に対して、「学校が正しいことを教えなかったから、俺《おれ》は地獄に堕ちたのだ」と言うことはできません。そういう申し開《ひら》きが許《ゆる》されないようになっているのです。

仏法真理の種、あるいは材料は、地上にいたときに、いろいろなかたちで存在したのですが、それを軽んじ、無視してきたのは、本人であったのです。そのことに対して、責任を取らされることになります。

また、地獄には縁《えん》のない人であっても、地上を去ったのち、霊的世界の真相と、自分の地上時代の考え方とのギャップの大きさに戸惑《とまど》い、迷《まよ》っている人は数多くいます。そうした人々は、四次元の幽界《ゆうかい》という世界において、五十年、百年という長い年月、戸惑いに満ちた生き方をしていることが多いのです。

彼らがもっとしっかりとした真理知識を身につけていたならば、本来の世界へ、自分がもともと住んでいた世界へ、もっと早く還《かえ》っていき、さらに次なる勉強ができるのですが、いかんせん、仏法真理を学んでいなかったために、何十年かの人生を地上で生きたということが、彼らの霊的進化を遅《おく》らせることにもなりかねない状態なのです。

この意味において、私は、仏法真理の学習運動をもっと大々的に広め、日本人一人ひとりが仏法真理を学ぶ時代をもたらしたいと思います。

「仏法真理の学習ということ自体が一つの伝道方法である」ということを忘れてはなりません。決して学校の勉強のように思ってはならないのです。「本当に意味のある、人類を救済《きゅうさい》するための方法の一つでもある」ということを知っていただきたいと思います。

第三の条件は何かというと、探究・学習の次の「伝道」ということになります。「あなたは、自分が学んだ仏法真理を、いったいどのように役立てたか、あるいは使ったか」ということです。

学んだだけで、自分の心のなかに死蔵《しぞう》しているのか。それとも、それを友人たち、人生の途上《とじょう》で出会う人たちの向上のために、少しでも使うことができたのか。あるいは、人生で出会う多くの人たちに、何らかのよい影響を与《あた》えることができたのか。そうしたことが検討《けんとう》される必要があります。

そのときに、「自分一人の宝として守っていた」というだけでは、やはり虚《むな》しいと言わざるをえないのです。それでは、せっかく多くの刈り入れをしても、それが結局、田畑に山積みされているだけで、蔵《くら》のなかに入れられていないのと同じです。本当の意味での収穫になっていません。収穫が収穫と言えるためには、それが本来の役割を果たすこと、すなわち、人々の役に立つかたちで蓄《たくわ》えられることが必要です。

仏法真理を学んだならば、次は、それを実践《じっせん》すること、それを人々に伝えてあげること、多くの人に影響を与えてあげること、また、多くの人の導《みちび》きとなることと、そうしたことがとても大事なのです。

この三つです。正しき心の探究、仏法真理の探究から始まって、仏法真理の学習、そして、仏法真理の実践、伝道。伝道には多様なかたちがありうるでしょうが、ここまでやって初めて、幸福の科学の会員は、第一段階の収穫のときを迎えたと言ってもよいと思うのです。

3　一日一生

当会の会員の心構《こころがま》えについて述べてきたわけですが、私はこの際《さい》、古くて新しい言葉を、みなさんに投げかけておきたいと思います。それは、「一日一生」という言葉です。

この言葉は、「明日《あす》のことを思いわずらうな。一日の苦労は一日にて足《た》れり」という、『聖書《せいしょ》』のなかのイエスの言葉から来ていて、内村鑑三《うちむらかんぞう》などもよく使っていた言葉です。「一日一生。一日を一生として生きる。ここにクリスチャンとしての真骨頂《しんこっちょう》がある」、このように内村鑑三は言っていたようです。

ただ、この言葉は、キリスト教界のみにとどまることなく、仏教界、あるいはその他の宗教界でも広く使われています。一日の枠《わく》を一生だと思って生きていくことが非常に大事だというわけです。

結局、私がみなさんに、さまざまなかたちで話をしている反省というものも、一日を一生と思う、一日の枠を一生と思う生き方、この考え方から出発しているのです。

なかには、一日を一生とするのではなくて、「一生は一生である。死んだときに、すべてを清算すればよいのだ。死後、あの世に還《かえ》ってから反省すればよいのだ」という考えで行く人もいるでしょうが、人間が数十年の人生でつくってきた思いと行いのひずみ、間違いというものは、なかなか一朝一夕《いっちょういっせき》で修正できるものではないのです。

宿題でもそうです。夏休みが終わるころに一度に片づけようと思っても、片づくものではありません。毎日、少しずつ少しずつ片づけていくからこそ、そうしたものが山積みにならずに済《す》むのです。

仕事においても同じです。山積みになった仕事を一挙に片づけようとしても、そう簡単《かんたん》にはできません。やはり、毎日、少しずつ少しずつ片づけていく。一日分だけの仕事をしていく。着実に仕事をこなしていく。こうした姿勢が大事です。

反省も同じであって、本来、一日の枠を一生と考えて実行するのが真実の反省なのです。なぜならば、人間は非常に忘れやすいからです。

その日の出来事《できごと》は、その日、床《とこ》に就《つ》くまでのあいだは覚えているものです。したがって、今日一日の自分の思いというものを点検すれば、「ああいう悪い思いが湧《わ》いた」「こうした間違いがあった」といったことを思い出すことができます。また、自分の行動についても、「なぜ自分はあんな行動を取ったのか。もっとよいやり方があったのではないか」ということを、しっかり振《ふ》り返ることができるのは、やはり、その日です。

一日たち、二日たつうちに、しだいに記憶《きおく》が薄《うす》れ、反省を試《こころ》みても実感が湧《わ》かなくなってきます。また、自分が犯《おか》した間違いについても、時の経過《けいか》とともに、「許されるものだ」と勝手に思うようになって、忘れていくことが多いのです。

しかし、毎日つくった思いの間違い、犯した罪《つみ》、こうしたものは、実は体内のガン細胞《さいぼう》のようなものなのです。放置しておくと、だんだんに体が冒《おか》され、やがて病《やまい》の床に就《つ》くことになります。このように、心のなかに巣《す》くった病巣《びょうそう》を放置しておけば、それはしだいに広がってくるのです。したがって、毎日、それを発見し、すぐ治療《ちりょう》に当たっていく姿勢が必要なのです。

「反省にも一日一生の考え方が大事である」ということを、私はこの際、みなさんに印象《いんしょう》づけておきたいと思います。

4 悩《なや》みの分断

一日一生という言葉は、もう一つ別な意味合いをも含《ふく》んでいます。それが何であるかといえば、「悩《なや》みの分断」という意味なのです。

人間は、あまり先のことを考えても、あまり昔《むかし》のことを考えても、それを収拾《しゅうしゅう》することはできないという事実があります。したがって、悩みの分断は、実は、人間が安心立命《あんしんりつめい》を得るための非常に大事な手法《しゅほう》となっているのです。

なぜならば、たいていの人の悩みの八十パーセント以上は取り越《こ》し苦労《ぐろう》だからです。ほとんどの人が、一年後や五年後、十年後のことを悩んでいることが多いのです。これは間違いのない事実です。現在ただいまをどうするかということではなくて、漠然《ばくぜん》と来年の不幸を予想したり、漠然と三年後の悩み事を考えたりしていることが多いのです。これが悩みの真相です。

本当の意味で、今すぐ片づけなければならない悩みというものは、そう多くはないのです。

悩みと称されるものの実態《じったい》を見ると、その多くは、その人の悩みがちな性格自体から発していています。つまり、悩みは、「将来、起きるかもしれない」ということに対して、さまざまに空想をして、取り越し苦労をする性格に起因《きいん》することが多いのです。

また、過去の悔《く》やむべき事実について、毎日、考え続けていても、決着がつくものではありません。それは、悩みの拡大《かくだい》再生産をしているのと同じです。

例えば、一週間前に自分がある人に対して失礼なことを言ったために悩んでいる場合、一日一生の枠で考えると、今日やるべきことは、その人にすぐスパッと謝《あやま》ってしまうことです。そうすれば、その悩みはそこで分断されるのです。

しかし、謝罪する勇気がなければ、一週間前の自分の言動に対する悩みを、今日も悩み、明日《あす》も悩み、明後日《あさって》も悩むというように、悩み続けていくことになってしまいます。

また、将来《しょうらい》の悩みについて考えてみると、受験生が大学受験で「不合格になるかもしれない」と悩むのは、十分に理由のあることであろうと思いますが、それが一年後のことであるならば、合格、不合格を今の時点で悩んで、いったい何になるかを考えてみればよいと思います。

できることは、現在、「自分がやっている勉強の質をどう高め、量をどう増やしていくか」ということ、「その質と量をいかに継続していくか」ということにあるのです。来年の春、入試の季節にコンディションが最高になるかどうかを、今から思いわずらっても、どうにもなりません。予備校の謳《うた》い文句ではありませんが、毎日毎日、「日々是《これ》決戦」の覚悟《かくご》でやってこそ、道が開《ひら》けるものなのです。

結局、人生の達人と言われる人の生き方は、悩みの分断において優《すぐ》れていることが多いのです。今の時点において、悩んで解決のつくことか、つかないことか、これを瞬時《しゅんじ》に決断していく人にとって、人生の重荷《おもに》はそう多くはありません。そして、軽快かつ明瞭《めいりょう》な人生観を持って生きていくことができるのです。

みなさんは北陸地方の「屋根の雪下ろし」をご存じかもしれません。

北陸地方では、屋根に積もった雪を放置しておくと、その雪の重みで、やがて家が潰《つぶ》れてしまうところまで行くのです。そのような力を持った雪、家が潰れるほどの重みを持った雪であるならば、それに対して、どう対策《たいさく》を立てればよいのかが重要な問題になるわけです。

しかし、家を潰すほどの何トンもある雪であっても、除雪《じょせつ》する作業には、何トンもの重さのあるものを動かせる力が必要かといえば、そうではないのです。

みなさんは、家の屋根から雪を下ろすのに、ブルドーザーを使っている人を見たことがあるでしょうか。実際は、そのようにはしないのです。どうするかというと、スコップで、一すくい一すくい、屋根から雪を下ろしているのです。すべてを集めれば、何百キロ、何千キロになるような雪であっても、スコップの一かきであるならば、子供でも下ろすことができます。そして、やがては、その屋根の雪はすべて片づいていくのです。

悩みの解決というのは、実に、この屋根の雪下ろしと同じなのです。あまりに長く、そのまま放置しておくと、家が潰れるほどの脅威《きょうい》となりますが、少しずつ少しずつスコップでそれを取り除《のぞ》いていくならば、それほど難しいことではないのです。

この雪下ろしの作業が、実は、一日一生という枠において反省することであり、一日一生という枠のなかで行動するということに当たるのです。

一生をどうするか、一生をどう最高度に輝《かがや》かすか、そうしたことを考えると、途方《とほう》もなく難しいことになりますが、一日一日をどう輝かせていくかということならば、そう難しいことではないのです。

仏法真理の学習においてもまったく同じです。数百冊《すうひゃくさつ》を同時に読もうとしても、読めるものではありません。やはり、一冊一冊を勉強していくという地道《じみち》な努力が必要なのです。

一日一生ということが分からない人は、「屋根の雪下ろし」の例を参考にして、よく考えていただきたいと思います。

5 新しき生活

一日一生というテーマに絞《しぼ》って話をしてきました。この一日一生という言葉は、また別の意味でも使うことができます。それは、「毎日が新しき生活への出発である」という考えです。

人間にとっていちばん怖《こわ》いこと、恐《おそ》ろしいことは何かというと、外敵《がいてき》とか、病気とか、死とか、そんなものではありません。本当にいちばん怖いのは、日々の倦怠《けんたい》であり、日々の怠惰《たいだ》な感情であり、毎日毎日の平凡《へいぼん》な生活です。

これこそが、実は、みなさんを真綿《まわた》で絞《し》め上げるように苦しめているものの実体なのです。みなさんは、日々の平凡性のなかで、新鮮《しんせん》な酸素を吸《す》い、のびのびと生きることが、なかなかできないでいます。たいていの人は、真綿で首を絞められ窒息《ちっそく》しかかっているような状態にあるのです。

ある意味においては、こうした毎日毎日の倦怠、ここに悩みの正体があると言ってもよいのです。

さすれば、どうする。一日を一生の枠として考えて出発していくときに、では、どうするか。それは、毎日毎日に新しい工夫《くふう》を怠《おこた》らないことです。これが、新しき生活を始めるための第一歩なのです。

一日の枠を一生だと思い、それを反省だけに費《つい》やすのではなくて、「一日はまた、希望への出発でもある。毎朝が新しい出発である。さあ、今日、自分は何を発見し、何を発明していこうか。何を工夫していこうか」、そうした気持ちを起こすことです。

「昨日《きのう》は過ぎ去ったのだ。では、今日はどうするか。今日一日を実り多いものとするにはどうするか。今日の夜には、いったい何を刈り入れるか」ということを考えてみるべきです。

日々に工夫をすることです。日々、人生において何かを工夫し、発明しようとしている人にとって、人生は勝利の連続となるしかないのです。怠惰の毎日に流されている人と、「毎朝が新しい出発だ」と思って、新しき工夫を考えていく人、この両者の違《ちが》いは非常に大きなものとなっていきます。

私のこの小文を読んだみなさんは、自分にとっての一日一生、その一生にも当たる一日の初めに当たって、何を考えますか。何を思いつきますか。何をどうしようと思いますか。自分の生活をどう改善しますか。自分の態度《たいど》をどうしますか。人生観をどうするのですか。こうしたことを、もう一度、考えてみてください。

自分の生活が変わらなければ、つまり、新しい生活に入れなければ、この文章を読んだことにはなりません。

あなたにとっての新生とは何か。あなたにとっての新しい一日とは何か。その答えを、各自、必ず用意していただきたいと思います。

第6章

仏我一如《ぶつがいちにょ》

1　仏を感じるとき

みなさんは今、幸福の科学において、さまざまな真理を学んでいます。このような多くの真理が、本当に心の奥底《おくそこ》において納得《なっとく》のいくものとなり、心のなかに新《あら》たな感動となって突《つ》き上げてくるとき、それがすなわち、「仏を感じるとき」でもあると思います。

仏を感じるということは、言葉で表現するのは、たいへん易《やさ》しいことではありません。しかし、一人の人間が、その一生において、どれだけ本当に仏を感じることができたかということが、すなわち、その人の人生が、いったいいかなるものであったかということを表《あらわ》しているのだと言えるのです。

悟《さと》りというものを、人は、どこか遠くにあるもの、まるで、どこかの鉱山《こうざん》を掘《ほ》ればいわゆる出てくるダイヤモンドのごときものと考えているかもしれませんが、実は、悟りとはそうしたものではなく、「仏をどれだけ実体験したか、仏をどれだけ感じ取ったか」ということでもあるのです。

それも、単に感じるということのみならず、すでに、感じるという行為《こうい》のなかに、それによって影響《えいきょう》を受けるということを含《ふく》んでおり、その影響を受けるということが、すなわち、「みずからが仏近き者へと変身していかねばならない」ということを意味しているのです。

したがって、みなさんは、真《しん》に仏を感じるときを数多く持たねばならないのです。

みなさんのなかには、仏法真理《ぶっぽうしんり》の書物が刊行《かんこう》され始めたときには一冊《いっさつ》一冊をとても新鮮《しんせん》に感じていたにもかかわらず、現在はそれが数多く出版されているため、それを三次元的な当たり前のもののように錯覚《さっかく》し始めている人もいるようです。

しかし、そうした人に、私は今、改《あらた》めて言っておきたいのです。「これは一つの大きな奇跡《きせき》である。今のこの時代に、これだけ多くの素晴《すば》らしい法に触《ふ》れることができるということは、かつてない奇跡なのである」ということを——。

その奇跡を、あなたがたが奇跡と感じなくなってきたのならば、それは、あなたがた自身が、「日々、みずからを変革《へんかく》する」という地道《じみち》な努力を怠《おこた》っている事実に起因《きいん》するのではないかと思うのです。

新たな仏法真理の言葉のなかに、常《つね》に何らかの新しい発見をしていこうとする、積極的な姿勢《しせい》を持つことです。毎日をただ漫然《まんぜん》と過ごすのではなく、常に、日々、新たな発見を積み重ねていこうとすることが大事です。

この意味において、仏法真理の書物を読む場合にも、それを単なる読書として安易《あんい》に読んでいくのではなく、そのなかにおいて光を発している言葉というものを、深く心のなかに記憶《きおく》し、また、ときにはメモを取り、あるいはノートを取るなどして、一つひとつ丁寧《ていねい》に学んでいくことが大切なのです。

人間というものは、真に学ばなければ、それが本当の力とはなりません。つまり、孔子《こうし》の言葉を引用するならば、「温故知新《おんこちしん》」ということを学習において決して忘《わす》れてはならないということです。

学習というプロセスのなかにおいて、ときおり復習をなし、数多くの真理知識がはたして本当に自分のものになっているかどうかを、もう一度、確認《かくにん》することが必要です。

たとえ、以前に一度読んで「分かった」と思っていたものであったとしても、一年、二年とたつうちに、自分自身が内的に変化を遂《と》げているため、その変化した自分の目で、もう一度、読んでみると、そこにまた新たな発見があるものです。みなさんは、そのときに、「これほど多くの素晴らしい真理を、自分は見過ごしていたのか」ということを深く知ることになるのです。

2　反省の基本

反省というものは、まず、この仏法真理がベースになってきます。仏法真理のベースがないまま反省をしたとしても、その反省は非常に浅いものとなってしまうのです。

多くの人々は、とかく反省を、「どこかの山や人知れぬ場所に籠《こ》もって、自分の過去を振《ふ》り返ることだ」とだけ考えがちですが、本当の反省とは、決して、死《し》刑囚《けいしゅう》が独房《どくぼう》に入って自分の罪《つみ》を振り返るようなことを指《さ》すのではありません。

また、反省という言葉を、非常に受け身的な、あるいは消極的な言葉として捉《とら》えている人も数多くいるようです。もちろん、反省にはそのような面もあることは事実ですが、実は反省には積極的なる側面もあるのです。すなわち、「自分をつくる」という意味での反省があるのです。

それから、反省を、どちらかというと、過去に行《おこな》ったことの罪を拭《ぬぐ》うというだけの行為《こうい》であるように捉える人、過去の思いと行いを総決算するというだけのことのように理解してしまう人が数多くいるようです。

そうした考え方は従来《じゅうらい》の基本的な考え方でもあるので、それを一概《いちがい》に否定《ひてい》することはできない面もあるかもしれません。しかし、そのようなレベルで反省を捉えることは、過去に多くの仏教修行者《しゅぎょうしゃ》たちが考えてきた反省のレベルでしかなく、単にそれだけであっては、あえて幸福の科学で反省を学んでいる意味があるとは言えないのです。

例えば、内観《ないかん》という修法《しゅうほう》では、自分の心の過《あやま》ちを点検していくという方法がとられます。確かに、これはこれで優《すぐ》れた方法ではあります。しかし、真の反省を極《きわ》めようとするならば、単にそこにとどまっていてはならず、むしろ積極的なる反省のところまで力強く踏《ふ》み込《こ》んでいかねばならないのです。

過去の心の曇《くも》りをいったん晴らすことは、当然、要求されることではありますが、それだけではなく、反省を、より素晴らしい未来をつくっていくための積極的材料として捉えていく必要があります。

自分が過去に犯《おか》した失敗は、ある意味において、未来への大いなる教訓《きょうくん》となっています。また、それは、自分が未来へと行動していくために必要不可欠な飛躍《ひやく》台《だい》ともなっているのです。

したがって、みなさんは試行錯誤《しこうさくご》を決して恐《おそ》れてはなりません。体験するすべてのことを学びの糧《かて》とし、それを踏み台として、さらに飛躍していく人にとっては、反省もまた積極的人生への転回のための大いなる武器となりうるのです。

例えば、反省を過去の事象《じしょう》に対応させ、祈《いの》りを未来の事象に対応させるという考え方をする人もあるようです。もちろん、その考え方はそれなりに意味があるものです。

しかし、反省のなかにも、未来のための反省があるということを知っていただきたいのです。また、祈りのなかにも、過去の自分を振り返り、それに対して感謝を捧《ささ》げる祈りもあれば、過去の過ちに対する大いなる懺悔《ざんげ》のための祈りもあるということを、みなさんは知らねばなりません。

「反省は過去に対するものであり、祈りは未来に対するものである」というように、必ずしも二分できるものではありませんし、「反省は消極的なるものであり、祈りは積極的なるものである」と言い切ることもできないところがあるのです。

このように、反省と祈りは相互《そうご》に重なっているところがあり、また、違《ちが》っているところもあります。

反省は、どちらかというと、その特徴《とくちょう》として、「自分自身の内部を点検していく」ということに重点があると言えましょう。そして、その内部の点検の結果、すでに悪くなっているところは治療《ちりょう》し、あるいは修繕《しゅうぜん》し、未来に向けて積極的補《ほ》充《じゅう》を行《おこな》っていく、あるいは補塡《ほてん》を行っていく、そのような考え方だと思ってよいでしょう。

すなわち、反省とはいったい何かというと、それは、「みずからを本来あるべき仏の子の姿《すがた》に近づけていく」という行為であり、この意味において、真の祈りと反省とは一致《いっち》してくる面があるのです。

祈りと反省とが一致しない点があるとすれば、それは、「祈りの方向性にはかなりの自由性が与《あた》えられているため、場合によっては、方向において間違《まちが》った祈りというものがありうる」ということでしょう。

しかし、祈りというものも、それに対して正しい方向性を与え、それが仏と一体となる方向になっていったときには、本当の意味で、反省とそう大きな違いはなくなってくるのです。

ただ、どちらかといえば、祈りが易行道《いぎょうどう》、易《やさ》しい道であるのに対して、反省は難行道《なんぎょうどう》、すなわち自助努力をどうしても必要とする作業だと言えると思います。

3　想念帯《そうねんたい》とは何か

幸福の科学では、「人間の心のなかには、想念帯《そうねんたい》という、一つのテープレコーダーのような記録保存領域《りょういき》がある」ということを説《と》いています。

そして、みなさんは、「想念帯の部分は、さまざまな間違《まちが》った心の持ち方や行いによって、煤《すす》けたり曇《くも》ったりしてしまうことがあり、それゆえに、仏の光を受け取ることができなくなるのだ」と考えることが多いのではないかと思います。

しかし、みなさんは、この想念帯がいったい何であるかということを、本当に考えてみたことがあるでしょうか。これがいったい何なのかということを、深く考えてみたことがあるでしょうか。

想念帯はまことに不思議なものであり、必ずしも、「ベールのようなものである」「膜《まく》のようなものである」という比喩《ひゆ》で表《あらわ》せるものではありません。

CDを使うと、素晴らしい音で簡単《かんたん》に音楽を再生することができますが、想念帯というのは、ある意味では、このCDに似《に》たようなものであるとも言えるのです。

それは、霊的に見てみると、必ずしも頭脳《ずのう》の部分にあるわけではありません。どちらかといえば、胸《むね》に近い領域にあると言ってもよいでしょう。そうした所にCDのようなものがきっちりと納《おさ》まっていて、このCDにどのようなメロディーが収《おさ》められているかは、霊的な目でもって見れば即座《そくざ》に分かるのです。

それぞれの人間には内蔵《ないぞう》されているCDがありますが、このCDの音楽は、単に貯蔵《ちょぞう》、記憶されているだけではありません。各人は、そのなかの記憶を常に奏《かな》でながら、毎日、生活をしていると言ってもよいのです。つまり、各人は、自分の胸のなかに納められているそのCDの曲を、いつも流しつつ生活をしているということなのです。

また、一つのCDのなかには非常にたくさんの曲が入っており、毎日の気分や自分の置かれた立場に応じて、そのつど違った曲を選択《せんたく》して、かけているわけです。

しかし、そのような曲が、常々《つねづね》、出ているということは、天上界《てんじょうかい》の天使たちには、「その人が主《おも》に奏でている曲がいったいどういうものであるか」ということが、音を聴《き》いてみると簡単に分かってしまうということなのです。

そして、実は、その音色《ねいろ》には、さまざまな霊格《れいかく》というもの、あるいは霊的波長というものがあり、それぞれの波長に適応したものを引き寄《よ》せ、感応《かんのう》させることになるのです。

これは何も難《むずか》しいことではなく、この世的に考えても、非常に分かりやすい簡単な原理です。

あなたが、ある音楽をかけているとき、その音楽を好きな人たちは、もちろん、それに惹《ひ》かれて近寄ってくるでしょう。逆に、その音楽とまったく縁遠《えんどお》い人たちは、そこからしだいに足が遠のくのは当然のことでしょう。クラシック音楽が好きな人の所へは、やはり、クラシック音楽を好《この》む人が来るのであり、喧騒《けんそう》を表《あらわ》したような騒々《そうぞう》しい音楽を好む人は、そう多くは寄ってこないものなのです。

このように、一言《ひとこと》で想念帯と言っても、それを視覚《しかく》的にではなく聴覚《ちょうかく》的に説明するならば、今述《の》べたように、一つの音楽のようなものを胸に記録していると言ってもよいのです。したがって、それを単に、ある種の物体のようなものだと考えるのではなく、心の領域のなかに、そのような一つの記録装置《そうち》があると考えればよいと思います。

そして、この想念帯が曇っているということは、別な言い方をすれば、その曲調が乱《みだ》れているということなのです。本当であれば、演奏家《えんそうか》が奏でるような見事な音楽となるはずであるにもかかわらず、その途中《とちゅう》でさまざまな雑音《ざつおん》が入っているようなものなのです。

例えば、バイオリンの弦《げん》の切れる音やピアノの甲高《かんだか》い音が突然《とつぜん》入ったり、指揮《しき》が乱れたりというように、乱れた音が曲のなかに入っており、それが一定の不愉《ふゆ》快感《かいかん》を醸《かも》し出すことになるわけです。

そうしたときに、どうなるかというと、高級霊《こうきゅうれい》たちは心の音楽の専門家であり、ベテランなのですから、曲の乱れというものに非常に敏感《びんかん》に反応《はんのう》することになります。

音楽の名人ともなれば下手《へた》な人のピアノが聴けないように、あるいは下手な人の歌が聴けないように、高級霊たちは、自分たちの奏でている波長に合わないものは、どうしても受け入れることができないのです。

霊的音楽の素人《しろうと》であれば、多少のミスはそれほど気にならなくても、高級霊たちは、その調べの乱れが非常に気になるのです。

このような厳《きび》しいプロの目があるということを、みなさんはよく知らなくてはならないと思います。

4　魂《たましい》の歴史

以上の説明では、想念帯というものをCDに置き換《か》えて考えてみました。

では、このCDは、現在ただいまの音楽だけを演奏しているのかといえば、本当はそうではないのであり、霊界《れいかい》のCDともいうべき想念帯は、実際はもっと高性能になっています。すなわち、それは何重構造にもなっているわけです。

想念帯は、今世《こんぜ》の思いと行いをすべて一枚《いちまい》の盤面《ばんめん》のなかに記録しているのですが、その裏《うら》にはまた別なＣＤ盤があり、これが天上界での思いと行いまでをも記録しているのです。そして、その下にはまた前世《ぜんせ》での地上の生活が記録されているＣＤがあり、さらに、もう一つ前の記録として、また別のものがあるというように、実はＣＤが何重にも重なって心の小箱《こばこ》のなかに納められているのです。

それゆえに、古い過去の魂《たましい》の歴史を読むためには、そのなかから古いＣＤ盤を取り出して再生しなくてはなりません。そうすると、その当時に記録されていた音楽がかかり、その人がどのような音色の人生を奏でてきたかが分かるようになっています。

このように、人間は、好むと好まざるとにかかわらず、その一生における思いと行いをすべて記憶することになっているのであり、このようにして、魂の歴史に重みがついてくるものなのです。

みなさんは、幸福の科学において、「魂のきょうだい」理論や「本体・分身」理論というようなかたちで、「人間の魂は、単に個性ある一人のものではなく、何体かに分かれているものである」ということを学んでいると思います。

ただ、これも、三次元的に翻訳《ほんやく》するならば、「違った複数のCD盤が魂のなかにあり、自分の前世の姿というものが、そのCDをかけると、それ独自の音楽となって表れてくる」というように考えてよいかもしれません。

比較《ひかく》的最近の数百年、あるいは千年、二千年の魂の歴史は、非常にありありとした姿で記録されているので、それは、あたかも現在ただいま活躍《かつやく》している人の姿のように再現することができます。

しかし、その記録が、何万年、何十万年、何百万年の昔《むかし》の記憶であるということになると、これは、現在ただいま進行しているというかたちで見えるものではなくて、大きな記憶の図書館のなかで見る一シーンというかたちで飾《かざ》られていくようになるのです。

私は、さまざまな高級霊たちの過去世《かこぜ》のときの姿を見、また、彼らの言葉を伝えていますが、そのなかでも、個性ある人間の魂として語りかけてくることができるのは、たいてい、今からおよそ一万年から二万年ぐらい前までの人です。

それ以前の人は、もはや個性ある姿を持って出てくることはなく、それはまるで、その魂のなかの一つの記憶の図書館の役割を果たしているかのように見えるのです。魂にとって、それはすでに一冊の書物のような過去の歴史となっていて、それが一人の人間の姿を取って話すということは、もはやなくなっているように思われます。

このように、人生のたびごとに、毎回、新しいＣＤ盤がつくられていくのですが、そのなかでも、古くなったものは、単なる記憶としての領域へとだんだん切り替《か》えられていくように感じられます。

5　仏《ぶっ》我《が》一《いち》如《にょ》

仏を感じるということ、また、反省ということを、想念帯、あるいは魂《たましい》の歴史ということに関連づけて述べてきました。

最後に、新たな角度から話をしておきたいと思います。

それは、「結局、方法論にあまりとらわれる必要はない」ということです。つまり、反省であっても、瞑想《めいそう》であっても、祈りであっても、いちばん大切なことは、「仏《ぶっ》我《が》一《いち》如《にょ》」ということをいかにして感じ取るかということなのです。

さまざまな理論書や霊言集《れいげんしゅう》で私がみなさんに問い続けていることも、結局、「仏我一如」ということなのです。「仏と我《われ》とがまったく一つになっていく境地を目指せ」と、みなさんに言っているのです。

これは、古代インドにおいては、「梵我一如《ぼんがいちにょ》」とも言われました。「梵《ぼん》」とは、いわゆる梵天《ぼんてん》の意味でもあるのですが、仏、神、高級霊などの総称《そうしょう》です。「梵と我とは一つである。全体我と個我とは一つである。高級我と低級我は、別なもののように見えていても、実際は一つのものなのである」ということが、古代インドにおいては語られていました。

これは、釈尊《しゃくそん》の誕生《たんじょう》以前から伝わっていた、古代からのインドの思想であったのです。釈尊はこの「梵我一如」を、もっと明瞭《めいりょう》な言葉で、また、もっと明快な思想によって、当時のインドの人々に教えたのです。

言葉は違《ちが》いますが、ここで私がみなさんにお教えしようとしていることも、結局、この「梵我一如」と同様の意味を持つ、「仏我一如」ということなのです。

私は、仏というものの本質を明らかにし、仏というものの多義性を明らかにし、仏の顕現態様《けんげんたいよう》の多様性を明らかにし、そして、人間は本来どのようにあるべきなのか、このようなことをお教えしようとしているのです。

「それぞれが違った個性を持っているあなたがたではあるけれども、その個性の違いのなかで、それぞれに、仏に通じていく道があるはずである。それを発見して、力強く歩《あゆ》んでいきなさい。その道をまっしぐらに歩んでいきなさい。そこに、本当の悟りがあるのだ」

こういうことを、私はみなさんにお伝えしているのです。

与えられた今日一日のなかで、「仏我一如」の境地を長く保持《ほじ》しえた人、あるいは、人生のなかで、「仏我一如」と言えるようなときを長く持つことができた人、そのような人こそが、やがて高級霊となっていく人なのです。

そのような「仏我一如」の境地を、一度でも、できれば二度、三度、あるいは、もっと長い時間、みなさんに味わっていただきたいと思います。

そのためにも、私の文章は、今後とも、たゆむことなく書かれ続けていくのです。

第7章

新時代への序曲《じょきょく》

1　新時代の予感

私の著書の数も、たいへん膨大《ぼうだい》なものとなってきました。私は今、こうして大きく広がりつつある法を、どのようにまとめ、みなさんが理解しやすいものにするかということを考えています。

こうした仕事をする際《さい》に、常《つね》に私の念頭《ねんとう》を離《はな》れない思いは、「新時代の予感というものを一時《いっとき》も忘《わす》れてはならない。そのことについて、いつも頭をめぐらさねばならない」ということです。

私たちが現に今、活動をしているということは、少なくとも、新しい時代を呼《よ》び込《こ》むということ、新しい時代のための大きな旋風《せんぷう》を巻《ま》き起こしていくということ、ここに主眼《しゅがん》があるのです。それゆえに、私が説《と》く法、私たちが宣《の》べ伝える法も、新時代の予感をそのなかに満載《まんさい》したものでなければならないと思うのです。

私は、新時代の予感として、心静かに目を閉《と》じて思うことに、少なくとも三つのものがあります。この三つの予感について、みなさんに述《の》べておきたいと思います。

第一の予感は、「現時点において常識《じょうしき》と言われているものや、価値《かち》と言われているものが、今後、地滑《じすべ》り的に転倒《てんとう》を起こしていく」という予感です。

それは、私たちにとっては大きな自覚を伴《ともな》うものとなるでしょう。あるいは、それを自信と言ってもよいかもしれません。

その予感は、「今まで日陰《ひかげ》に置かれ、そして、ともすれば隠《かく》されがちであったものが、ようやく日の目を見、自信に溢《あふ》れる姿《すがた》となって現れてくる」という予感でもあります。

それは、あたかも、「海の底深く沈《しず》んでいた大きな鯨《くじら》が、潮《しお》を吹《ふ》きながら、突《とつ》如《じょ》、海面に躍《おど》り出る」、そうした力強さを秘《ひ》めているように思います。「まさしく鯨が海面に出てくるように、そうした巨体が新しい世界に現れてくる。今まで隠されていた価値が巨大な鯨となって、その背ビレを見せ、潮を吹き、やがて海面から顔を出してくる」という感じがします。そして、その力強い予感は日増しに強くなってきます。

第二の予感は、「仏というものが人類の非常に身近《みぢか》なものとなる時代が来る」という予感です。これもまた、ひしひしと感じられるものです。

目を瞑《つむ》っても、まぶたの裏《うら》に見え、耳をふさいでも、耳のどこかに、胸《むね》のどこかに、響《ひび》いてくるものがあります。仏が人類の間近《まぢか》に迫《せま》り、仏の存在が人類にとって身近に感じられるということが否定《ひてい》できなくなってきているのです。

仏が今、声を出している。仏が今、姿を現している。仏が今、人類を叱咤激励《しったげきれい》している。その姿が見えてくるのです。

今、みなさんは、「仏というものを感じるのに、これ以上、都合《つごう》のよいときはない」という時代に生きているのです。かつて伝説や経典《きょうてん》のなかでのみ知っていた偉大《いだい》な時代が、今来ようとしているのです。それは、仏が姿を現す時代、仏が人類の前に立つ時代、そうした時代なのです。

第三の予感は、「宇宙というものが身近に見えてくる」という予感です。「今まで謎《なぞ》であった世界、この大宇宙が、人類にとって身近なものに、より分かりやすいものに、手近なものになってくる」という予感がするのです。これは素晴《すば》らしい予感です。

この三つの予感が、私の胸をよぎり、また、私の胸に迫ってくるのです。毎日毎日、自分がその方向に向かって歩《あゆ》んでいるということを感じますし、私についてくる多くのみなさんもまた、こうした新しい時代に向けての予感が迫ってくるのを感じていることと思います。

価値観転倒の予感、仏の臨在《りんざい》の予感、そして、宇宙の接近《せっきん》の予感、そのような予感が胸のなかに渦巻《うずま》くのを感じるのは、決して私一人ではないでしょう。

2　時代の転換点《てんかんてん》

今、人類は時代の転換点《てんかんてん》に立っているように私には感じられます。

それは、大きな収穫《しゅうかく》を伴うと同時に、大きな凋落《ちょうらく》をも伴うものでしょう。国際世界のなかにおいて、今まで大きな力を持っていたものが、しだいに衰退《すいたい》していくのが見えるでしょう。そして、従来《じゅうらい》、取るに足《た》りないと思われていたような勢力が、大きな勢力として、しだいに、のし上がってくるでしょう。

新陳代謝《しんちんたいしゃ》というものは国家レベルでも起こっています。国家レベルにおける新陳代謝も、やはり、時代のなかで必ず起きてくることなのです。

この時期に私たちが考えなければならないことは、次の二つであると思います。

一つは、今、たわわに実《みの》った果実《かじつ》を、実りをつけた麦の穂《ほ》を、摘《つ》むということです。収穫を忘れないようにするということです。これは、この文明において人類がつくってきたもの、つくり続けてきたものを、しっかりと収穫し、後世《こうせい》への遺産《いさん》として遺《のこ》していくということです。

もう一つ、この時期において大事なことは、訪《おとず》れる試練に向けての準備《じゅんび》です。これから、人類にとっては試練が続いていくでしょう。試練の月日、試練の年月が続くでしょう。そのなかを人類はしっかりと耐《た》えていかねばならないのです。

人類と言うだけあって、その試練は、一部の外国だけのものではなく、日本人にも及《およ》んでくるでしょう。世界がさまざまな混乱に見舞《みま》われる苦難《くなん》の時代がやってくるのです。

そのときに、みなさんは、はたしてどれだけ平常心《へいじょうしん》を保《たも》てるか、どれだけ不動《ふどう》心《しん》を保てるか、どれだけ仏の心に忠実《ちゅうじつ》に生きていけるか、それをこそ考えねばならないと思うのです。

「足ることを知る」という言葉があります。

人間は、ともすれば自分を高く評価しがちです。そして、どうしても現状に飽《あ》き足らず、「自分には、もっと素晴らしい生き方があるはずである。自分は、もっと値打《ねう》ちのあるものである」と考えるものです。人間には、「もっと収入が欲しい。もっと地位が欲しい。もっと頑張《がんば》ってみたい。もっと評価されたい」という気持ちが強くあるものなのです。

しかし、ひとたび、自分の立っているステージがもろくも崩《くず》れ落ちたときに、こうした気持ちがいったいどうなるのかということを、みなさんは考えたことがあるでしょうか。

今、夫に対して不満を言っている妻も、妻に対して不満を言っている夫も、些《さ》細《さい》なことで、日々、いさかいを起こしているのでしょう。しかし、これからの試練の年月を考えたときに、あなたがたは、小さなことでもって目くじらを立てていてはならないのです。

今、少しばかり収入が少ないとか、生活の環境《かんきょう》が悪いとか、仕事が面白《おもしろ》くないとか、地位がいまひとつであるとか、さまざまなことを不満に思っているあなたがたよ、人類には大きな試練が来るのです。そのときに、そんな小さなことで悩《なや》んでいるようなあなたがたであったならば、試練を乗り越《こ》えていくことはできないでしょう。

大きな試練が人類を見舞うときに、どのようにしてその試練に打ち克《か》っていくのか、それをこそ考えねばなりません。

大切なことは、そうした時代に向けて、今から着々と力を蓄《たくわ》えていくということです。その一つは、さまざまな苦しみや困難《こんなん》、不幸に対して、抵抗力《ていこうりょく》をつけていくということであり、もう一つは、仏法真理《ぶっぽうしんり》の基礎《きそ》をつくり、仏法真理の体系をつくり、どのようなことがあっても揺《ゆ》るがぬような法を把持《はじ》し続けるということです。

それが、時代の転換点において大事な視点であろうと思います。

3　新しき悟《さと》り

このような時代の転換点に立っているみなさんに、今、課されている課題とはいったい何でしょうか。

新時代への転換点に立つみなさんにとって、今、必要なことは、「新しき悟《さと》り」であると思います。新しき悟りを得なければならないのです。

仏法真理《ぶっぽうしんり》を求めるみなさんは、今から二千数百年前の仏教の教えや二千年前のキリスト教の教えだけで満足してはなりません。そうした古い教えを掘《ほ》り起こすことだけで満足してはならないのです。

新しき悟りを得よ。新しき悟りへの道を開け。新しき悟りとは何かを発見せよ。そうでなければ、今という時代に生きている値打ちがないではないか。何ゆえ、今という時代にみなさんが生きているのか、そのことの説明がつかないではないか。

私はそのように思うのです。

この新しき悟りを、みなさんはいったい何だと考えますか。

今という時代も、やがて過ぎ去り、千年、二千年の月日が積もり積もっていくことでしょう。千年、二千年の月日が積み重なっていくということを考えて、そこから現在を振《ふ》り返ってみるのです。今を振り返ってみるのです。そのときに、いったいどのような悟りを開いたと、みなさんは言いうるのでしょうか。

単に仏教の復活をもって、悟りと言ってはなりません。それでもって、新しい悟りと言ってはいけないのです。みなさんには新《あら》たな教えが要《い》ります。新たな思想が要るのです。そうではないでしょうか。

そして、この新たな教え、新しき悟りには、どうしても欠《か》くべからざるものがあると思います。それは、やはり、「一つの行動原理を内包《ないほう》している」ということなのです。

私はこれまで、仏法真理を学習することがどれほど大切であるかということを、みなさんに説いてきました。しかし、私たちは今、新たな転換点に差しかかっているということを実感せざるをえないのです。みなさんは、単に仏法真理を学ぶということだけにとどまってはいけないのです。

それは、あなた自身のなかにある行動原理へと変わっていかねばならない。新たな行動原理とならねばならない。新たな実践《じっせん》基準《きじゅん》とならねばならない。新たな実践原理とならねばならない。

私はそのように思うのです。

新しき悟りとは、実践に裏打《うらう》ちされた悟りであるはずです。そして、その実践に裏打ちされた悟りとは、現代という時代を乗り切っていくための悟りでなければならないはずです。現実の困難と戦い、これを乗り切っていくための悟りでなければならないと私は思うのです。

さすれば、私はあなたがた一人ひとりに問う。あなたがたが今所属《しょぞく》している団体は、いかなる団体か。それは幸福の科学という団体である。幸福の科学という団体において、あなたがたは何をなさんとしているのか。幸福を科学する方法を学んでいるはずである。そうであるならば、それがみずからの実践の問題とならずして、いったいどうするのか。

まず、みずから幸福を科学せよ。それを抽象《ちゅうしょう》的な悟りとするなかれ。単に理論的な教えとするなかれ。みずからの生活のなかにおいて実践せよ。どのようにして幸福なる生活を実践するか、この具体案を、日々の公案《こうあん》として考えよ。仏法真理を仏法真理として、単なる抽象的知識の段階に置いておいてはならない。それを実践の段階に下ろしていきなさい。

そうした真理知識の消化が最も大事であるということを、私は今、みなさんに申し上げたいのです。

真理知識を消化し、それを実践段階にまで下ろしていきなさい。そして、毎日の自分の生活のなかに、学んできた真理知識がどう生かされているかということを、確認《かくにん》しなさい。

そうしなければ、現に学んでいることの意味がないではないかと私は思うのです。現に学んでいるということは、学んでいるその内容が日々の行いとなって表れてこなければならないということなのです。

この点について、特に留意《りゅうい》していただきたいと思います。

4　希望の鐘《かね》は鳴る

現代が一つの試練の時代へと向かっており、そして、そのなかに生きているみなさんが大きな課題を背負《せお》っているとしても、私はただ暗さのみを強調する気持ちなどはさらさらありません。

なぜなら、そうした時代に生きているということは、みなさんがまた、希望の時代に生きているということ、それだけやりがいのある時代に生きているということでもあるからです。

私には、希望の鐘《かね》が鳴っているのが聞こえるのです。希望の鐘が鳴っているのが見えるのです。

みなさんにも、自分たちが大いなる福音《ふくいん》の時代に生きているということの意味を、奇跡《きせき》というものが日常化している時代に生きているということの意味を、つくづくと噛《か》みしめていただきたいと思うのです。

そして、日常生活のなかで惰性《だせい》に流されていないか、あるいは、安易《あんい》な満足で終わっていないかということを、もう一度、点検してみていただきたいのです。

かつて、モーセが杖《つえ》を蛇《へび》に変えるという奇跡を起こしても、一日もすればもう信じられなくなる王がいました。みなさんも、自分がそのような人間になっていないかどうかを、よくよく考えていただきたいのです。

幸福の科学の運動は、奇跡の日常化ということに、その目的があることも事実です。しかしながら、奇跡が日常《にちじょう》茶飯事《さはんじ》として起こり、奇跡の日常化が起きたとしても、それでもって奇跡に対する感覚が鈍麻《どんま》してよいということではないのです。

今、大いなる仏の時代が訪れようとし、数多くの法が説かれていますが、もし、この法を、単なる小説や評論を読むような気持ちで読んでいる人がいたら、そうした法に対して、脱帽《だつぼう》、敬礼《けいれい》をして、もう一度、心を新たにして接《せっ》してみてください。

みなさんが、今という時代に、そうした法に接しているということが、いったいいかなる意味を持っているのかということを、考え直してみていただきたいのです。

「千年後の人が見たら、はたしてどのように思うだろうか。二千年後の人が見たら、どう思うだろうか」ということです。それは、今みなさんが奇跡の時代に生きているということを意味しているのです。千年後、二千年後の人たちは、「どうして、その時代に自分たちは生きることができなかったのか」と悔《く》やむに違《ちが》いないのです。

みなさんは、そうした素晴らしい、幸福な、希望に溢《あふ》れた時代に生きているということを、ゆめゆめ忘れてはならないと思います。

それは、仏がすぐそこまで来ているということなのです。仏が戸口《とぐち》まで来ていて、一戸一戸《いっこいっこ》の玄関《げんかん》のドアをノックしている音が聞こえているのです。そのような時代に生きているのです。

どうか、奇跡の時代という厳粛《げんしゅく》な事実に対し、もう一度、襟《えり》を正していただきたいと思います。

そして、静かに耳を澄《す》まして聴《き》いてごらんなさい。希望の鐘が鳴っているのが聞こえます。希望の鐘が鳴っています。確かに鳴っています。美しい調べが聞こえてくるはずです。この調べが聞こえなければ、その耳はないのも同然です。この鐘が鳴っているのが見えなければ、その目はないのも同然です。

どうか、そうした自覚を持っていただきたいと思います。

5　未来はるかなり

しかし、私たちが目標としていることは、単に現時代に生きることだけではありません。私たちの目は、はるかに遠く彼方《かなた》なる世界、はるかなる未来、その日々を見つめています。私たちは、人類への遺産を遺《のこ》さんとして、日々に精進《しょうじん》しているのです。

ゆえに、マンネリズムに陥《おちい》ってはならない。無感動の生活に陥ってはならない。現時代だけを救えたらよいと思ってはならない。現代社会だけが幸福になったらよいと思ってはならない。「何としても、未来の人々をも幸福にしてみせるぞ」という意気込《いきご》みがなければならない。

そうした意気込みを持って生きていかねば、今世《こんぜ》に生きた意味がないではないか。こうした希望の時代に生き、こうした福音《ふくいん》の時代に生きているという意味がないではないか。

私はそのように感ずるのです。

諸君《しょくん》よ、新しき釈迦《しゃか》の十大弟子《じゅうだいでし》となれ。新しきイエスの十二使徒《じゅうにしと》となれ。新しき光の菩薩《ぼさつ》となれ。

未来ははるかなり。しかし、そのはるかなる未来に向けて、私たちは進んでいかねばならないのだ。これは大いなる戦いである。これは聖《せい》なる戦いである。これは光に満てる戦いである。日常性を脱《だっ》せよ。ビジネスの世界を脱せよ。牢固《ろうこ》とした固定概念《がいねん》を叩《たた》き潰《つぶ》せ。

そして、今、一人でも多くの人が、はるかなる未来に向けて、力強い一歩を、力強い歩みを進めていくことを、私は心から願っています。

第8章

愛と光と優《やさ》しさと

1　夢《ゆめ》を語る

夢《ゆめ》を見ない人はいないでしょう。そして、夢の夢たるところは、夜に見る夢がすべてではないところにあります。人間は、ともすれば現実のなかで道を見失《みうしな》うことがあるものですが、そうしたときにも、夢を見ることは可能です。

十二月という季節になると、私はよく「マッチ売りの少女」の話を思い出します。

大みそかの雪の日に、マッチ売りを命ぜられている小さな女の子が、マッチが売れず、寒さのなかで凍《こご》え死んでしまうのですが、その際《さい》、残ったマッチを一本擦《す》るたびに、そこに明るい世界が現れて、クリスマスツリーの姿《すがた》が浮《う》かんだり、優《やさ》しかったおばあちゃんの姿が浮かんだりするという話です。みなさんも、おそらく一度は読まれたことがあると思います。

夢というものを考え、語るときに、私はどうしても、この話のことを思い浮かべざるをえないのです。夢というものは、なんと、この雪の日のマッチ売りの少女の、一本のマッチの光にも似《に》たものでしょうか。

寒さのなかに、か弱く、小さくはあっても、確かな光を放《はな》つもの。確かな炎《ほのお》となって、みずからを温《あたた》めてくれるもの。そして、いつしか消えていくもの――。

私は、「一つの夢が消えたときに、次の夢が欲しくなり、次のマッチを擦って、また明るい夢を見る。それが人間の一生かもしれない」と思うことがよくあるのです。

私は今、数多くのマッチをつくっています。マッチ売りの少女がともしたマッチをつくることが私の仕事だと思っています。毎日毎日、一箱《ひとはこ》一箱、次々とマッチをつくっています。

そして、「私がつくったマッチを、全国各地のいろいろな人が、ときどき、ふっと擦って、手を温めてみたり、自分の顔を照らしてみたり、雪景色《ゆきげしき》のなかで周りを照らしてみたりしているのかな」と思うことがあるのです。

小さな光でしょう。小さな温かさでしょう。しかし、そうした小さなものであっても、その人の心に何らかの光となるものであるならば、これは、私にとってたいへん楽しい仕事なのです。

私はマッチをつくっている職人です。マッチ工場の社長と言ってもよいかもしれません。夢のあるマッチをつくっていきたいと思います。「一人ひとりの心に、明るい光を、熱を、温かみを、人間の血の温かさを、家庭の温かさを届《とど》けてあげたい」と、深く念ずるものです。

2　愛は風の如《ごと》く

愛についても、私は数多く語ってきました。

私は愛という言葉がとても好きです。幾《いく》つもの法、数多くの教えをみなさんに説《と》いていますが、「ただ一つの教えを取れ」と言われたら、私は躊躇《ちゅうちょ》なく答えます。「それは、愛の教えである」と――。

私がこの地上に下りてきたのも、この地上に下りて、みなさんと共に生きているのも、みなさんに法を説いているのも、この愛ゆえにです。

仏は愛であり、その愛を私はみなさんに分け与《あた》えていきたいと思うのです。

ここで、私は、マッチをつくる工場の社長から、急にサンタクロースに変わっていくようでもあります。私はサンタクロースのようでありたいと思うのです。

袋《ふくろ》いっぱいに、いろいろなおもちゃなどを入れて、毎夜《まいよ》、一軒《いっけん》一軒の家の屋根にのぼり、煙突《えんとつ》のなかに入り込《こ》み、暖炉《だんろ》を通って居間《いま》に出て、ツリーにぶら下げられた靴下《くつした》のなかに、いろいろなプレゼントを入れてあげたいのです。

その際に私がいつも悩《なや》むことは、どんな大きな袋を持ったとしても、プレゼントが入り切らないということです。日本の国に、あるいは世界全体に、私のプレゼントを待っている子供たちがどれだけいるだろうかと考えたときに、私は「もっと大きな袋があれば」といつも思います。

しかし、サンタクロースは、あまり大きな袋を持っては歩けないのです。大きな袋を持ったサンタクロースは、煙突から入っていけないのです。それで、サンタクロースのおじさんは、残念ながら、自分の体に合った大きさの袋を持って回ることとなります。

私が比喩《ひゆ》で言っていることの意味が、みなさんには分かるでしょうか。本当は、仏の愛を待っている人が全国各地にいるのです。一億二千五百万人が待っているのです。あるいは、世界六十億人（二〇〇一年時点）が仏の愛を待っているのです。

今、こうした時代に私は生を享《う》け、生きています。そして、仏からのプレゼントを、できうるならば一人でも多くの人に手渡《てわた》したいと思います。一人でも多くの人の靴下のなかに入れて歩きたいと思います。

しかし、袋に入るプレゼントの数は知れています。それが、サンタクロースのいちばんの悲しみです。無限の愛を与えたくとも、無限の愛を与えるすべがない。それがいちばんの悲しみであるとも言えましょうか。

私は、ときおり、このサンタクロースであることを諦《あきら》め、「風の如《ごと》くでありたい」と思うことがあります。「愛が、サンタクロースのプレゼントのようなものではなくて、吹《ふ》き渡《わた》る風のようなものであったなら、どれほど素晴《すば》らしいか」と思うことがあるのです。「あの風の如くなりたい。風の如く、どこからともなく吹いてきて、どこへともなく吹き抜《ぬ》けていく、そうした愛の力でありたい」と思うのです。

この日本の一角《いっかく》から、大川隆法という名の風が、幸福の科学という名の風が吹き始めて、音もなく吹き抜けていく。透明《とうめい》な姿で、その存在を知られることなく吹き抜けていく。そのときに、「ああ、風が吹き抜けていったのだな」と人々に感じていただけるような自分でありたい。そうした幸福の科学でありたい。そう思うことがあります。

風の如く、どこからともなく起こり、どこへともなく吹き抜けていくようでありたいのです。日本のいろいろな所から起こり、吹き抜けていく、透明な、さわやかな風でありたいのです。

そして、ときには、冬の温かい風でありたい。人々がマフラーを首に巻《ま》き、コートの襟《えり》を立てるときに、温かい一陣《いちじん》の風となって、人々の心のなかを吹き抜けていきたい。そのようにも思います。

「愛は、風の如く、無限定でありたい。無限でありたい」と、強く強く願うのです。

3　光の乱舞《らんぶ》

また、ときに私は、「光の如《ごと》くありたい」と思います。その光は、ギラギラと照りつける光ではありません。その光は、雲間《くもま》から漏《も》れてくるような光でもありません。私が「光の如くありたい」と思う光は、あの小春日和《こはるびより》の光です。

寒い季節に入るときに、ふっと一日、春のような暖《あたた》かい日差しが降《ふ》り注《そそ》ぐことがあります。そして、その暖かい日差しに誘《さそ》われて、思いもしない動物たちが現れてきたり、また、春と間違《まちが》えて、梅《うめ》の花や桜《さくら》の花が咲《さ》いたりすることがあります。

私は、そうした小春日和の光のようでありたいと思うことがあります。暖かい一日の光をみなさんに与えてあげたいと思うのです。

単なる光でありたくはないのです。光であっても、乱舞《らんぶ》するような光でありたいのです。「キラキラと光を投げかけ、あそこにも、ここにも光が満ちるような、一日の光となりたい。そうした、明るい、白い、一日の光となりたい」という希望があります。

私は、せせらぎで光が乱舞している姿がとても好きです。春の小川のせせらぎで、光が水に当たり、その水がチロチロと小さな光を放《はな》っている姿が、とてもとても好きです。

また、動物たちが、光に当たって、優《やさ》しそうな顔をして眠《ねむ》っているのを見るのが好きです。赤ちゃんが、優しい光を浴《あ》びながら眠っていて、母親が、その赤ちゃんに優しく語りかけているのを見るのも大好きです。そして、人々の背中《せなか》に暖かい日差しが当たっているのを見るのも大好きです。ベンチに座《すわ》っている人たちが、くつろぎながら池の面《おもて》を眺《なが》めているのを見るのも大好きです。

光が乱舞するとき、まるで幸せが満ち溢《あふ》れているようです。「優しい光、人の目に強くなく弱くなく、暖かみを持つ、くつろぎのある光、そうした光になり、光の乱舞をしてみたい」と、強く思うのです。

おそらく、みなさんも、私のこの気持ちが分かると思います。こうした光であることを私が願っているならば、みなさんもまた同じ願いを持ってくださることでしょう。

日本のいろいろな所で、小春日和のような光を投げかけてほしい。そして、あちこちで乱舞する光のようであってほしい。温かい、優しいまなざしでもって、人々に接《せっ》するようなみなさんであってほしい。人の悲しみを悲しみとし、人の喜びを喜びとし、共に分かち合いながら、共に幸福を広げていけるようなみなさんであってほしい。そうした優しい人格であってほしいと思います。

4　常《つね》に優《やさ》しき人となれ

私の願いはいつも同じです。「人に対して常《つね》に優《やさ》しくありたい。優しい人でありたい」と思っています。

ときに勇気ある言葉を吐《は》き、ときに勇気ある行動をし、ときに力強い決断をしなければならないこともあります。それもこれも、その底には優しさというものが流れています。より多くの人々に幸福になっていただくために、より多くの人々に幸せになっていただくために、そうした強い言葉も、勇気の言葉も、力強い行動も起きてきます。優しき人とならんとしているがゆえに、そうした気持ちも湧《わ》いてきます。

ただ、私はみなさんに、そう難《むずか》しいことをお願いしようとは思いません。私がみなさんに、かくあってほしいと思うことは、「常に優しき人となれ」ということです。仕事のなかに埋没《まいぼつ》しているときにも、家庭のなかで苦しんでいるときにも、私はみなさんに、この言葉を思い起こしてほしいのです。「常に優しき人となれ」という言葉を――。

人間は、ともすれば、当然という気持ちで、自分だけが豊《ゆた》かな暮《く》らしをしたり、自分だけが人々にほめられたり、そうした自分だけが満足のいくような人生に、あぐらをかきがちです。しかし、その途中《とちゅう》において、傲慢《ごうまん》になったり、他人に対して厳《きび》しくなりすぎたりしている自分というものがあるのではないでしょうか。「常に優しき人となってほしい」という、この私の願いは、みなさんにときおり思い出されてよいことだと思うのです。私は、人間はいくら優しくても、優しすぎるということはないと思います。いくら優しく生きても、それで十分だということはないと思います。

この文章を読んでいるみなさんも、いつか必ず地上を去っていきます。何年か何十年か後《のち》には、必ず地上を去ることになるのです。その地上を去るときの気持ちが、みなさんには分かるでしょうか。

それはちょうど、地上を離《はな》れて、天空《てんくう》にかかる星となるような気持ちです。地上からはるかに離れていって、星の一つとなるような気持ちがするのです。

地上をはるかに離れ、何百メートル、何千メートルと高い所にのぼっていくにつれて、この地球が小さく見えてきます。かつて自分が遊んだ広場、自分が住んだ家、友人たち、いろいろな人たちの思い出が、遠くに、小さく小さくかすんでいきます。森や川や山や、そうしたものがかすんで見えてくるのです。

こうしたときに、みなさんが思うことは、「ああ、もっと多くの人に、優しく接していればよかった」ということなのです。そうした瞬間《しゅんかん》が、この文章を読んでいるみなさんに必ず訪《おとず》れることを私は予言しておきます。そのときに、みなさんは、「懐《なつ》かしい人々に、一つでも多くの愛を与えることができたならば、一つでも多くの優しい言葉を与えることができたならば、どれほどよかったか」と思うのです。

「常に優しき人となれ」——その言葉を心のうちに繰《く》り返しながら生きていくときに、みなさんは、この地上を去る瞬間のことを脳裡《のうり》に描《えが》いているのです。

人間は、母の胎内《たいない》に宿り、この地上に生まれ、幾十年かを生き、その間《かん》にさまざまなドラマがあり、やがてまた地上を去って還《かえ》っていきます。

地上という世界は、一時《ひととき》の思い出です。あの修学旅行のように、あの楽しかった学校生活のように、一時の思い出であり、一時のメルヘンでもあります。みなさんは、そうした、束《つか》の間の人生を地上で生きているのです。

そうであるならば、何ゆえに、それほどまでにギスギスとした生き方をするのですか。何ゆえに、それほどまでに厳しい人生を生きるのですか。何ゆえに、それほどまでに他人に対して厳しく接するのですか。

やがて去っていく世界であるならば、できるだけ優しい思い出を残していこうではありませんか。自分が人にそうされたいがごとく、他の人にも優しくあろうではありませんか。

人間がいちばんうれしい瞬間は、人から優しくされた瞬間ではないでしょうか。優しくしてもらった瞬間ではないでしょうか。

さすれば、自分もまた、常に優しき人となろうではありませんか。自分が人にそうされたいがごとく、自分もまた人に接しようではありませんか。常に優しき人として、生きていこうではありませんか。

どうでしょうか、みなさん。私の言っていることの意味が分かるでしょうか。慈悲魔《じひま》という言葉で表《あらわ》されるように、ときには、優しすぎるための弊害《へいがい》が起きることもあります。優しすぎることが人を駄目《だめ》にすることもあります。

しかし、私は思うのです。やや優しすぎるぐらいで、人生はちょうどよいのです。この世のなかのギスギスした感じ、からっ風が吹き抜けていく感じをなくすには、人に対して優しすぎるぐらいでよいのです。そうでなければ、どうして素晴らしい世界となっていきましょうか。「優しさ」という失《うしな》われた価値《かち》を、一日も早く発見してほしい、取り戻《もど》してほしいと思うのです。

5　人間の幸福とは

愛と光と優しさとについて語ってきました。

私はここで、「人間の幸福とは」ということについて述《の》べてみたいと思います。幸福論についていては、いろいろな角度からすでに述べていることでもあり、その一つひとつを今ここで繰《く》り返す気持ちは私にはありません。ただ、私はみなさんに、「人間の幸福とは、やはり人と人とのあいだに生まれるものですよ」と言っておきたいのです。

人間は、自分一人でいたならば、決して幸福というものは生まれてこないのです。一人きりでいれば、もちろん、不幸というものも出てこないのかもしれませんが、少なくとも、幸福というものは絶対に味わうことができないのです。南海の孤島《ことう》に一人で住んでいて、幸福感を味わうことは難しいのです。

やはり、他の人がいて、共に語り合うことができ、共に手を握《にぎ》り合うことができ、共に愛し合うことができ、共に仕事をすることができ、共に生活することができ、共に学ぶことができる、そうしたことによって、うれしく感じるのです。

幸福に感じるのです。

どうか、自分というものを、あまり孤立《こりつ》した、孤絶《こぜつ》した存在だと思わないでください。こうした大きな世界のなかに生かされている「個」であることを喜びましょう。

もし、みなさんが、何十メートルもある、あるいは百メートルもあるセコイアの大木《たいぼく》のような、孤独《こどく》な一人であるとしたら、どうでしょうか。みなさんは幸せでしょうか。

ときおり、群《む》れのなかの個であることを悲しく思い、さみしく思うこともあるでしょうが、そうした個であることによって、多くの人たちと共に歩《あゆ》み、共に生きることができるのではないでしょうか。

人間の幸福とは、そうした個であるということに起因《きいん》しているのです。個であると共に、群れのなかに生きているということに起因しているのです。

幸福とは、人と人とのあいだにあるものなのです。

こうしてみると、幸福とは、なんと愛によく似たものでしょうか。愛とは、人と人とのあいだにあるものです。この愛と幸福は、なんとよく似たものでしょうか。幸福は、やはり愛から生まれていくものでしょう。私はそのように思います。

この大宇宙のなかに太陽系というものがあり、太陽系のなかに地球という星があり、その地球という星に、不思議なことに六十億人もの人間が住んでいるのです。そして、同時代の同期生として生きているのです。

ああ、なんと素晴らしいことでしょうか。

しかも、その多くの人たちと、共に生活ができるのです。共に愛し合うことができるのです。相手を喜ばすことができるのです。

こうした世界のなかに生きているということが、どれほど素晴らしいことであるかを考えていただきたいのです。

何もなくてもよいではないですか。ただ愛し合う人間関係のなかに生きていけるということが、どれほど幸福であるかを、もう一度、考えてみてください。いつかは去っていく、この世界です。そのなかにあって、真《しん》の幸福はいったい何であるかを考えてみてください。真の幸福は、やはり愛と光と優しさのなかにあるのではないでしょうか。

私はまた、夢を語ってみたいと思います。それは、どれだけ多くの人が幸福になれるかという夢です。いつもいつも私は夢を見て生きています。多くの人を幸福にしたい。多くの人を幸せにしていきたい。一人でも多くの人を愛していきたい。そして、私と共に歩んでくれる人が一人でも多く出ることを願っています。

愛は、風の如く吹いていくものです。愛はまた、あるときは光となり、乱舞し、幸福を振《ふ》りまくものです。そして、愛はまた、優しさのなかにあるものです。このような愛を十分に理解し、それを味わい、はぐくんでいくことによって、人間の幸福は無限に広がっていくものなのです。

幸福な人を多くつくりましょう。あなたもまた幸福な人間になりましょう。そして、あなたの周りにも幸福な人々をつくっていきましょう。

愛ということを一つの誓《ちか》いとして、愛という言葉を誓いの言葉として、幸福を振りまいていきたいものだと思います。

あとがき

本書では、人間にとっていちばん大切な教えである愛の教えを、限りなく純粋《じゅんすい》に語ってみました。愛とはあこがれです。愛とは理想です。愛とは限りなき高みへ飛翔《ひしょう》してゆきたいとする願いです。

この地上を優《やさ》しさに満ちた人間で埋《う》めつくしたい。そういう願いを込《こ》めて一冊《いっさつ》の書物にまとめあげました。

この祈《いの》りにも似《に》た私の気持ちをおくみとりくだされば、これにまさる幸せはありません。

二〇〇一年　八月

幸福《こうふく》の科学《かがく》グループ創始者兼総裁《そうししゃけんそうさい》　大川隆法《おおかわりゅうほう》

本書は左記の論考・講義をとりまとめたものです。

第1章　愛の原点　書き下ろし小冊子
第2章　魂の美しい輝きのために　一九八八年九月研修（九月二十五日）
——「愛の原点」講義　静岡県・リステル浜名湖にて
第3章　祈りの本質　月刊「幸福の科学」一九八八年七月号
第4章　人生の煌めきとは何か　月刊「幸福の科学」一九八八年八月号
第5章　一日一生　月刊「幸福の科学」一九八八年九月号
第6章　仏我一如　月刊「幸福の科学」一九八八年十月号
第7章　新時代への序曲　月刊「幸福の科学」一九八八年十一月号
第8章　愛と光と優しさと　月刊「幸福の科学」一九八八年十二月号

『愛の原点』関連書籍

『幸福の原点』（大川隆法 著　幸福の科学出版刊）
『愛から祈りへ』（同右）

本書は一九八九年二月に発刊された
旧版を改訂したものです。

愛《あい》の原点《げんてん》　―優しさの美学とは何か―

2001年9月30日　初版第1刷
2024年9月11日　第8刷

著　者　大《おお》川《かわ》隆《りゅう》法《ほう》

発行所　幸福の科学出版株式会社
〒107-0052 東京都港区赤坂2丁目10番8号
TEL(03)5573-7700
https://www.irhpress.co.jp/

印刷　株式会社 研文社
製本　株式会社 ブックアート

落丁・乱丁本はおとりかえいたします
©Ryuho Okawa 2001. Printed in Japan. 検印省略
ISBN978-4-87688-354-7 C0014
装丁・写真 © 幸福の科学

大川隆法ベストセラーズ・愛の本質に目覚める

愛、無限

偉大なる信仰の力

真実の人生を生きる条件、劣等感や嫉妬心の克服などを説き明かし、主の無限の愛と信仰の素晴らしさを示した現代の聖書。

1,760円

人を愛し、人を生かし、人を許せ。

豊かな人生のために

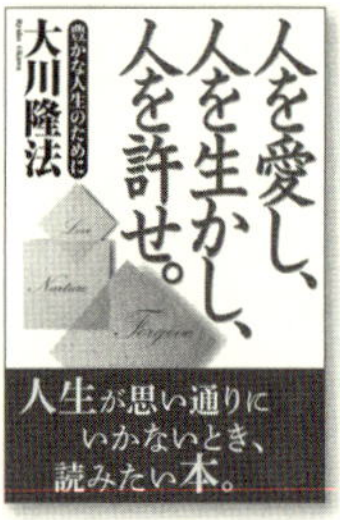

愛の実践や自助努力の姿勢など、豊かな人生への秘訣を語る、珠玉の人生論。心を輝かす数々の言葉が、すがすがしい日々をもたらす。

1,650円

愛から祈りへ

よみがえるヘルメスの光

いま、ふたたび愛の時代が訪れる──。本書につづられた詩編や祈りの言葉の数々が、希望の光となって、あなたの魂を癒す。

1,650円

心の指針 Selection 5

心から愛していると…

「本当の愛」とは何なのか──。親子の葛藤、家族問題、そして人間関係の苦しみ……。愛をめぐる悩みを優しく癒し、温かく包み込む珠玉の詩編たち。

1,100円

※表示価格は税込10%です。

大川隆法ベストセラーズ・幸福への道

幸福の法

法シリーズ 第8巻

人間を幸福にする四つの原理

真っ向から、幸福の科学入門を目指した基本法。愛・知・反省・発展の「幸福の原理」について、初心者にも分かりやすく説かれた一冊。

1,980円

幸福の原点

人類幸福化への旅立ち

幸福の科学の基本的な思想が盛り込まれた、仏法真理の格好の手引書。正しき心の探究、与える愛など、幸福になる方法が語られる。

1,650円

幸福への道標

魅力ある人生のための処方箋

不幸の原因は自分自身の心の問題にある——。自己顕示欲、自虐的精神、スランプなどの苦しみから脱出し、幸福な人生を歩むための道が示される。

1,313円

幸福へのヒント

光り輝く家庭をつくるには

家庭を明るくするには? 中年男性の自殺を防ぐには? 家庭の幸福にかかわる具体的なテーマについて、人生の指針を明快に示した、質疑応答集。

1,650円

幸福の科学出版

大川隆法ベストセラーズ・幸せな家庭をつくるために

限りなく優しくあれ

愛の大河の中で

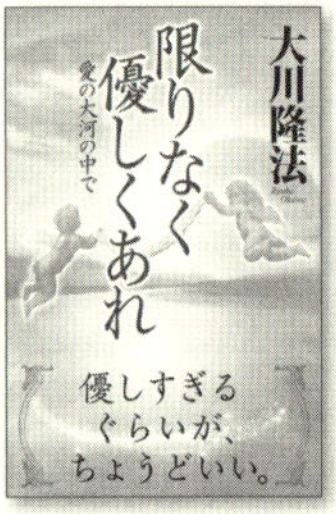

愛こそが、幸福の卵である。霊的視点から見た、男女の結婚、家庭のあり方や、愛の具体化の方法が、日常生活に即して語られる。

1,650円

ティータイム

あたたかい家庭、幸せのアイデア 25

親子のスピリチュアルな縁、家族でできる脳トレ、幸せな熟年夫婦になる方法──。優しい家庭をつくる、とっておきのアイデア集。

1,320円

幸福のつかみ方

女性のための幸福論

恋愛、結婚、仕事、教育など、現代の女性が抱えるさまざまな悩みに的確に答え、幸福への指針を提示した質疑応答集。

1,068円

夫を出世させる「あげまん妻」の10の法則

これから結婚したいあなたも、家庭をまもる主婦も、社会で活躍するキャリア女性も、パートナーを成功させる「繁栄の女神」になれるヒントが、ここに!

1,430円

※表示価格は税込10%です。

大川隆法ベストセラーズ・幸福に生きるヒントをあなたに

初期
質疑応答
シリーズ
第1〜7弾!

【各 1,760 円】

「エル・カンターレ 人生の疑問・悩みに答える」シリーズ

幸福の科学の初期の講演会やセミナー、研修会等での質疑応答を書籍化。一人ひとりを救済する人生論や心の教えを、人生問題のテーマ別に取りまとめたＱＡシリーズ。

1 人生をどう生きるか
2 幸せな家庭をつくるために
3 病気・健康問題へのヒント
4 人間力を高める心の磨き方
5 発展・繁栄を実現する指針
6 霊現象・霊障への対処法
7 地球・宇宙・霊界の真実

1

2
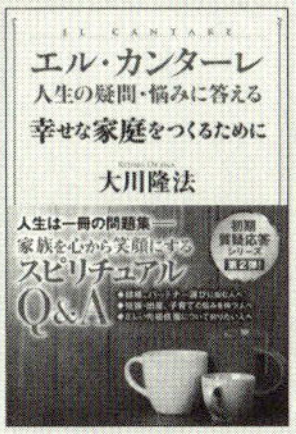

3
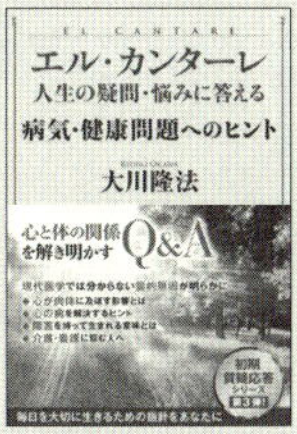

4

5

6
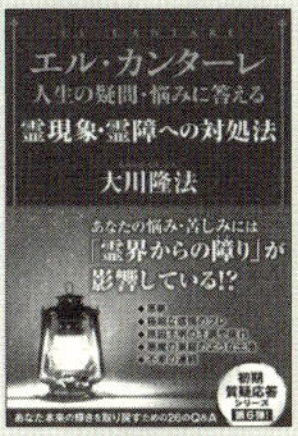

7

大川隆法ベストセラーズ・人生を導く光の言葉

書き下ろし箴言集

人生の真実・幸福をつかむ叡智が100の短い言葉に凝縮された、書き下ろし箴言集。神仏の目から見た奥深い洞察がテーマ別に説き記されたシリーズ。

人生への言葉

仕事への言葉

人格をつくる言葉

コロナ時代の経営心得

病の時に読む言葉

地獄に堕ちないための言葉

妖怪にならないための言葉

【各 1,540 円】

※表示価格は税込10%です。

大川隆法ベストセラーズ・幸福な人生を拓くために

自も他も生かす人生

あなたの悩みを解決する「心」と「知性」の磨き方

自分を磨くことが周りの人の幸せにつながっていく生き方とは？ 悩みや苦しみを具体的に解決し、人生を好転させる智慧が説き明かされた中道的人生論。

1,760 円

仕事と愛

スーパーエリートの条件

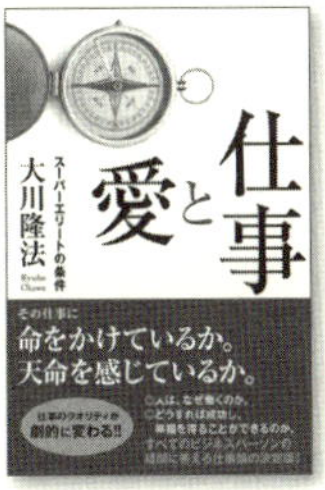

仕事と愛の関係、時間を生かす方法、真のエリートの条件──。若手から管理職、経営者まで、すべてのビジネスパーソンに贈る仕事への指針。

1,980 円

心を癒す
ストレス・フリーの幸福論

人間関係、病気、お金、老後の不安……。ストレスを解消し、幸福な人生を生きるための「心のスキル」が語られる。

1,650 円

ハウ・アバウト・ユー？

幸せを呼ぶ愛のかたち

あなたは愛を誤解していませんか。他人や環境のせいにしていませんか。恋人、夫婦、親子における「ほんとうの愛」のあり方が分かりやすく綴られた一書。

1,320 円

幸福の科学出版

大川隆法ベストセラーズ・地球を包む主エル・カンターレの愛

地球を包む愛

人類の試練と地球神の導き

日本と世界の危機を乗り越え、希望の未来を開くために──。天御祖神の教えと、その根源にある主なる神「エル・カンターレ」の考えが明かされた、地球の運命を変える書。

1,760円

真実を貫く

人類の進むべき未来

混迷する世界情勢、迫りくる核戦争の危機、そして誤った科学主義による唯物論の台頭……。地球レベルの危機を乗り越えるための「未来への指針」が示される。

1,760円

メシアの法

法シリーズ 第28巻

「愛」に始まり「愛」に終わる

「この世界の始まりから終わりまで、あなた方と共にいる存在、それがエル・カンターレ」──。現代のメシアが示す、本当の「善悪の価値観」と「真実の愛」。

2,200円

愛は憎しみを超えて

中国を民主化させる日本と台湾の使命

中国に台湾の民主主義を広げよ──。この「中台問題」の正論が、アジアでの戦争勃発をくい止める。台湾と名古屋での講演を収録した著者渾身の一冊。

1,650円

※表示価格は税込10%です。

大川隆法ベストセラーズ・主なる神エル・カンターレを知る

太陽の法

エル・カンターレへの道

法シリーズ 第1巻

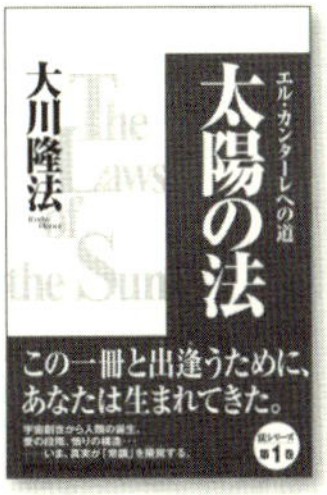

創世記や愛の段階、悟りの構造、文明の流転を明快に説き、主エル・カンターレの真実の使命を示した、仏法真理の基本書。25 言語で発刊され、世界中で愛読されている大ベストセラー。

2,200 円

永遠の法

エル・カンターレの世界観

法シリーズ 第3巻

すべての人が死後に旅立つ、あの世の世界。天国と地獄をはじめ、その様子を明確に解き明かした、霊界ガイドブックの決定版。

2,200 円

永遠の仏陀

不滅の光、いまここに

すべての者よ、無限の向上を目指せ──。大宇宙を創造した久遠の仏が、生きとし生けるものへ託した願いとは。

1,980円

〔携帯版〕

1,320円

〔携帯版〕

幸福の科学の本のお求めは、
お電話やインターネットでの通信販売もご利用いただけます。

フリーダイヤル **0120-73-7707** （月～土 9:00～18:00）

幸福の科学出版 公式サイト　幸福の科学出版 検索
https://www.irhpress.co.jp

幸福の科学グループのご案内

宗教、教育、政治、出版などの活動を通じて、地球的ユートピアの実現を目指しています。

幸福の科学

一九八六年に立宗。信仰の対象は、地球系霊団の最高大霊、主エル・カンターレ。世界百七十一カ国以上の国々に信者を持ち、全人類救済という尊い使命のもと、信者は、「愛」と「悟り」と「ユートピア建設」の教えの実践、伝道に励んでいます。

（二〇二四年八月現在）

愛

幸福の科学の「愛」とは、与える愛です。これは、仏教の慈悲《じひ》や布施《ふせ》の精神と同じことです。信者は、仏法真理をお伝えすることを通して、多くの方に幸福な人生を送っていただくための活動に励んでいます。

悟り

「悟り」とは、自らが仏の子であることを知るということです。教学《きょうがく》や精神統一によって心を磨き、智慧《ちえ》を得て悩みを解決すると共に、天使・菩薩《ぼさつ》の境地を目指し、より多くの人を救える力を身につけていきます。

ユートピア建設

私たち人間は、地上に理想世界を建設するという尊い使命を持って生まれてきています。社会の悪を押しとどめ、善を推し進めるために、信者はさまざまな活動に積極的に参加しています。

幸福の科学の教えをさらに学びたい方へ

心を練る。叡智《えいち》を得る。
美しい空間で生まれ変わる――

幸福の科学の精舎《しょうじゃ》

幸福の科学の精舎《しょうじゃ》は、信仰心《しんこうしん》を深め、悟《さと》りを向上させる聖なる空間です。全国各地の精舎では、人格向上のための研修や、仕事・家庭・健康などの問題を解決するための助力が得られる祈願《きがん》を開催《かいさい》しています。研修や祈願に参加することで、日常で見失いがちな、安らかで幸福な心を取り戻《もど》すことができます。

総本山・正心館

総本山・未来館

総本山・日光精舎

総本山・那須精舎

東京正心館

全国に27精舎を展開。

運命が変わる場所――

幸福の科学の支部《しぶ》

幸福の科学は1986年の立宗《りっしゅう》以来、「私、幸せです」と心から言える人を増やすために、世界各地で活動を続けています。
国内では、全国に400カ所以上の支部が展開し、信仰《しんこう》に出合って人生が好転する方が多く誕生しています。
支部では御法話拝聴会、経典学習会、祈願、お祈り、悩み相談などを行っています。

海外支援・災害支援

幸福の科学のネットワークを駆使し、世界中で被災地復興や教育の支援をしています。

毎年２万人以上の方の自殺を減らすため、全国各地でキャンペーンを展開しています。

公式サイト **withyou-hs.net**

自殺防止相談窓口

受付時間　火〜土:10〜18時（祝日を含む）

TEL **03-5573-7707**　メール **withyou-hs@happy-science.org**

視覚障害や聴覚障害、肢体不自由の方々と点訳・音訳・要約筆記・字幕作成・手話通訳等の各種ボランティアが手を携えて、真理の学習や集い、ボランティア養成等、様々な活動を行っています。

公式サイト **helen-hs.net**

入会のご案内

幸福の科学では、主エル・カンターレ 大川隆法総裁が説く仏法真理《ぶっぽうしんり》をもとに、「どうすれば幸福になれるのか、また、他の人を幸福にできるのか」を学び、実践しています。

入会

仏法真理を学んでみたい方へ

主エル・カンターレを信じ、その教えを学ぼうとする方なら、どなたでも入会できます。入会された方には、『入会版「正心法語《しょうしんほうご》」』が授与されます。

入会ご希望の方はネットからも入会申し込みができます。

happy-science.jp/joinus

三帰《さんき》誓願《せいがん》

信仰をさらに深めたい方へ

仏弟子としてさらに信仰を深めたい方は、仏《ぶっ》・法《ぽう》・僧《そう》の三宝《さんぽう》への帰依を誓う「三帰誓願式」を受けることができます。三帰誓願者には、『仏説・正心法語』『祈願文《きがんもん》①』『祈願文②』『エル・カンターレへの祈り』が授与されます。

幸福の科学 サービスセンター
TEL 03-5793-1727
（受付時間／火〜金：10〜20時　土・日祝：10〜18時（月曜を除く））

幸福の科学 公式サイト
happy-science.jp

幸福実現党

内憂外患《ないゆうがいかん》の国難に立ち向かうべく、2009年5月に幸福実現党を立党しました。創立者である大川隆法党総裁の精神的指導のもと、宗教だけでは解決できない問題に取り組み、幸福を具体化するための力になっています。

幸福実現党 党員募集中

あなたも幸福を実現する政治に参画しませんか。

＊申込書は、下記、幸福実現党公式サイトでダウンロードできます。
住所：〒107-0052
東京都港区赤坂2-10-8 6階 幸福実現党本部

TEL 03-6441-0754　FAX 03-6441-0764
公式サイト hr-party.jp

HS政経塾

大川隆法総裁によって創設された、「未来の日本を背負う、政界・財界で活躍するエリート養成のための社会人教育機関」です。既成の学問を超えた仏法真理を学ぶ「人生の大学院」として、理想国家建設に貢献する人材を輩出するために、2010年に開塾しました。これまで、多数の地方議員が全国各地で活躍してきています。

TEL 03-6277-6029
公式サイト hs-seikei.happy-science.jp

ハッピー・サイエンス・ユニバーシティ
Happy Science University

ハッピー・サイエンス・ユニバーシティとは

ハッピー・サイエンス・ユニバーシティ(HSU)は、
大川隆法総裁が設立された「日本発の本格私学」です。
建学の精神として「幸福の探究と新文明の創造」を掲げ、
チャレンジ精神にあふれ、新時代を切り拓く人材の輩出を目指します。

人間幸福学部　経営成功学部　未来産業学部

HSU長生キャンパス TEL **0475-32-7770**
〒299-4325　千葉県長生郡長生村一松丙 4427-1

未来創造学部

HSU未来創造・東京キャンパス
TEL **03-3699-7707**
〒136-0076　東京都江東区南砂2-6-5　公式サイト **happy-science.university**

学校法人 幸福の科学学園

学校法人 幸福の科学学園は、幸福の科学の教育理念のもとにつくられた教育機関です。人間にとって最も大切な宗教教育の導入を通じて精神性を高めながら、ユートピア建設に貢献する人材輩出を目指しています。

幸福の科学学園
中学校・高等学校（那須本校）
2010年4月開校・栃木県那須郡（男女共学・全寮制）
TEL **0287-75-7777** 公式サイト **happy-science.ac.jp**

関西中学校・高等学校（関西校）
2013年4月開校・滋賀県大津市（男女共学・寮及び通学）
TEL **077-573-7774** 公式サイト **kansai.happy-science.ac.jp**

仏法真理塾「サクセスNo.1」

全国に本校・拠点・支部校を展開する、幸福の科学による信仰教育の機関です。小学生・中学生・高校生を対象に、信仰教育・徳育にウエイトを置きつつ、将来、社会人として活躍するための学力養成にも力を注いでいます。

TEL 03-5750-0751（東京本校）

エンゼルプランV

東京本校を中心に、全国に支部教室を展開。信仰をもとに幼児の心を豊かに育む情操教育を行い、子どもの個性を伸ばして天使に育てます。

TEL 03-5750-0757（東京本校）

エンゼル精舎

乳幼児が対象の、託児型の宗教教育施設。エル・カンターレ信仰をもとに、「皆、光の子だと信じられる子」を育みます。
（※参拝施設ではありません）

不登校児支援スクール「ネバー・マインド」

TEL 03-5750-1741

心の面からのアプローチを重視して、不登校の子供たちを支援しています。

ユー・アー・エンゼル！（あなたは天使！）運動

障害児の不安や悩みに取り組み、ご両親を励まし、勇気づける、障害児支援のボランティア運動を展開しています。

一般社団法人 ユー・アー・エンゼル
TEL 03-6426-7797

NPO活動支援

学校からのいじめ追放を目指し、さまざまな社会提言をしています。また、各地でのシンポジウムや学校への啓発ポスター掲示等に取り組む一般財団法人「いじめから子供を守ろうネットワーク」を支援しています。

公式サイト mamoro.org　ブログ blog.mamoro.org
相談窓口 TEL.03-5544-8989

百歳まで生きる会～いくつになっても生涯現役～

「百歳まで生きる会」は、生涯現役人生を掲げ、友達づくり、生きがいづくりを通じ、一人ひとりの幸福と、世界のユートピア化のために、全国各地で友達の輪を広げ、地域や社会に幸福を広げていく活動を続けているシニア層（55歳以上）の集まりです。

【サービスセンター】TEL 03-5793-1727

シニア・プラン21

「百歳まで生きる会」の研修部門として、心を見つめ、新しき人生の再出発、社会貢献を目指し、セミナー等を開催しています。

【サービスセンター】TEL 03-5793-1727

幸福の科学グループ　**出版　メディア　芸能文化**

幸福の科学出版

大川隆法総裁の仏法真理の書を中心に、ビジネス、自己啓発、小説など、さまざまなジャンルの書籍・雑誌を出版しています。他にも、映画事業、文学・学術発展のための振興事業、テレビ・ラジオ番組の提供など、幸福の科学文化を広げる事業を行っています。

アー・ユー・ハッピー?
are-you-happy.com

ザ・リバティ
the-liberty.com

幸福の科学出版
TEL **03-5573-7700**
公式サイト **irhpress.co.jp**

THE FACT

YouTubeにて随時好評配信中!

ザ・ファクト

マスコミが報道しない
「事実」を世界に伝える
ネット・オピニオン番組

公式サイト **thefact.jp**

NEW STAR PRODUCTION

ニュースター・プロダクション

「新時代の美」を創造する芸能プロダクションです。多くの方々に良き感化を与えられるような魅力あふれるタレントを世に送り出すべく、日々、活動しています。 公式サイト **newstarpro.co.jp**

ARI Production

ARI《アリ》 Production《プロダクション》

タレント一人ひとりの個性や魅力を引き出し、「新時代を創造するエンターテインメント」をコンセプトに、世の中に精神的価値のある作品を提供していく芸能プロダクションです。 公式サイト **aripro.co.jp**